진짜 사나이들의
인생 수업

특전사 블랙베레가 들려주는 인생역전 교훈

진짜 사나이들의
인생 수업

이성열 지음

마인드북스

"인생의 목적은 끊임없는 전진에 있다.

앞에는 언덕이 있고, 시내가 있고 진흙이 있다.

걷기 좋은 평탄한 길만 있는 것은 아니다.

먼 곳으로 항해하는 배가 풍파를 만나지 않고 조용히 갈 수만은 없다.

풍파는 언제나 전진하는 자의 벗이다.

풍파 없는 항해는 얼마나 단조로운 것인가.

고난이 심할수록 나의 가슴은 뛴다."

-니체

특전사 블랙베레처럼 살면 인생이 뒤집힌다

"안 되면 되게 하라!"

"사나이 태어나서 한 번 죽지 두 번 죽나!"

블랙베레들은 이런 신조를 지키며 살아간다. 왜 그럴까? 강하기 위해, 최고가 되기 위해, 이기기 위해, 그래서 결국 살아남기 위해서다. 이들은 고립무원(孤立無援)의 적 지역에서 싸운다. 그러기에 이런 신조로 훈련하고 싸우지 않으면 안 된다. 마찬가지로 이 시대를 사는 젊은 이들도 적자생존(適者生存)의 무한경쟁 속(고립무원의 적 지역과 같다)에서 살아가기 때문에 블랙베레처럼 살지 않으면 성공하기 어렵다. 그래서 블랙베레들에게 배울 수 있는 인생 교훈을 이야기하고자 한다.

여기서 다루는 교훈들은 2030을 위한 성공 키워드이다. 즉 열정·도전·극기·단련·끈기·최고·의리·희생에 대한 내용으로, 여러분이 어떻게 살아가야 할지를 안내하는 교훈들이다. 여러분의 인생을 성공으로 이끌고 싶다면 이 교훈을 배워 실천해 나가기 바란다. 이 책에서 소개하는 사례를 보면 진정한 성공이 무엇인지 알 수 있을 것이다.

덧붙이자면 이 책은 특전사의 혼을 담은 책이다. '충성 한 가닥에 목숨을 걸고' 생사를 넘나들며 임무를 완수하는 사나이들의 이야기다. 그 이야기 속의 교훈은 특전사를 상징하는 '특전 혼'과 '특전 신조' 그리고 블랙베레의 기질인 '베레모 근성'에서 뽑아낸 인생 역전의 교훈이다.

이 책은 8개 과(lesson)로 되어 있다. 앞에서 말한 8가지 키워드에서 하나씩의 교훈을 이끌어냈다. 즉 '열정'의 키워드에서 '열정에 미쳐라!'라는 교훈을 뽑았다. 책 내용의 전개는 과마다 ① 키워드를 설명하면서 명언과 사례를 들었고, ② 성공한 사람들의 이야기를 소개했으며, ③ 특전사 출신들의 경험담과 성공담을 소개했다. ④ 이를 토대로 교훈을 도출해 독자의 의식을 일깨우도록 했고, ⑤ 팁으로 실천 매뉴얼을 제시했다.

사람들은 '특전사' 하면 '훈련이 세다' '강인하다'라는 이미지를 먼저 떠올린다. 그러면서 "그들에게서 뭘 배울 게 있겠어?"라는 의문을 가질 것이다. 하지만 분명 그들에게서 뭔가는 배울 게 있다. 특전사 출신인 새정치민주연합의 문재인 대표는 그의 저서에서 "특전사 경험은 분명 저를 긍정적인 사람으로 만들어 주었다."라고 말해 이를 입증하고 있다.

필자는 이 책을 통해 여러분이 특전사 기질을 간접 경험함으로써 성공적인 삶에 한 걸음 다가서길 바라는 마음이다. 소크라테스는 "다른 사람이 쓴 책을 통해서 자신을 향상시키는 데 시간을 쓰라. 그러면 다른 사람이 힘들게 노력해서 얻은 것을 쉽게 얻을 수 있다."라고 했다. 소크라테스의 말처럼 독자 여러분도 이 책이 던지는 교훈을 배워 인생 역전의 감격을 맛보길 바란다. 이 책이 여러분의 인생을 뒤집는 데 도움을 줄 수 있다고 확신한다.

자, 이제 놀랍고도 멋진, 인생을 뒤바꾸는 이야기 속으로 들어가 보자!

이성열

차 례

Lesson 1.

[열 정] 열정에 미쳐라

이 세상에서

열정 없이 이루어진

위대한 것은

아무것도 없다.

–헤겔(독일 철학자)

1. 열정은 무엇일까

열정(熱情)이란 말을 풀어 보면 '뜨겁게 타오름'을 뜻하는 '熱'과 '마음의 움직임'을 뜻하는 '情'으로 되어 있다. 즉 열정은 '뜨겁게 타오르는 마음의 움직임'이란 의미이다. 그리고 사전적 의미를 보면 '어떤 일에 열렬한 애정을 가지고 열중하는 마음'이라고 정의하고 있다. 이를 보면 열정이란 어떤 일에 강력한 행동을 할 수 있도록 내면에서 뜨겁게 불타오르는 강렬한 에너지라고 할 수 있다.

한편, 열정을 사람에 따라 여러 가지로 정의하고 있다. 월가에서 가장 뛰어난 투자자 중 한 사람으로 꼽혔던 존 템플턴은 저서 『열정』에서 "열정은 자동차의 연료와도 같으며, 우리가 좋아하고 간절히 바라는 어떤 목표를 추진하도록 고무하는 활동적인 에너지다."라고 했고, 영국의 영화감독 존 부어맨은 "열정이란 무엇일까? 그것은 분명 한 사람이 완성되어 가는 일일 것이다."라고 했으며, 미국의 사상가 랠프 월도 에머슨은 "열정은 노력의 어머니다."라고 했다.

열정은 우리가 갖추어야 할 덕목이다

이렇듯 열정은 우리가 갖추어야 할 덕목임에 틀림없다. 특히 피 끓는 젊은이에게는 더욱 그렇다. 그래서 요즘 젊은이들을 열광시키는 광고까지 등장했다. 열정이 넘쳐야 할 2030의 고민과 현실을 담아 그들의 마음을 사로잡고 있는 커피 광고가 그 예다.

"당신은 지금 학교에 다니거나, 자격증을 준비하거나, 직장에 다니거나, 영어공부를 하거나, 그런데 지금 이 순간 당신의 심장은 뛰고 있는가? 세상의 말, 누군가의 지시, 사회의 흐름에 따른 것이 아니라, 자신의 심장이 뛰는 일을 할 때 우리는 비로소 삶의 주인이 된다. TOP 열정을 채우다."

이 카피는 커피 광고를 넘어 열정을 잃고 살아가는 이들에게 자신을 되돌아보게 하고, 열정의 가치를 느끼게 해 사람들의 관심을 끌고 있다.

이게 무엇을 의미하는가? 그만큼 사람들은 열정에 쉽게 매료된다. 열정의 가치를 알기 때문이다. 그러면서도 정작 자기 일에 열정을 쏟지 못하고, 열정을 애써 잊으려 하며 생활하고 있다. 왜 그럴까? 열정에는 시련과 희생이 따른다. 그 시련과 희생을 꺼리기 때문이다. 그렇다면 열정을 실천해야 할 덕목으로 알고 시련을 열정으로 극복한 사람들을 보자.

알버트 아인슈타인은 네 살 때까지 말을 못했고, 선생들은 "이런 아이는 절대 잘될 리 없다."라고 말했다. 그러나 노벨물리학상을 수상했다. 스티브 잡스는 벤처 투자자들을 만났을 때 투자는 고사하고 "인류의 변절자"라는 말을 들었다. 자신이 창업한 회사에서 무참히 쫓겨나 지독한 좌절을 겪고 우울증에 시달렸다. 그러나 세계에서 가장 성공한 최고경영자가 되었다. 조앤 K. 롤링은 이혼녀로 직업도 없이 어린애까지 데리고 카페 구석자리에서 책을 썼지만, 출판사로부터 8번 퇴짜를 맞았다. 하지만 결국 해리 포터 시리즈로 억만장자가 되었다. 리오넬 메시는 11세에 성장호르몬 결핍증 진단을 받은 뒤 축구팀에서 떠나야 했고, 그 아이는 또래들보다 유난히 키가 작았다. 그럼에도 FIFA '올해의 선수' 3회를 수상하는 유명한 선수가 되었다. 토머스 에디슨은 선생이 "너는 너무 모자라서 어느 것도 배우지 못한다. 그러니 너는 너의 착한 심성을 살릴 수 있는 분야에 들어가야 조금이나마 성공할 가능성이 있을 것이다."라고 했으나 누구보다 위대한 발명왕이 되었다. 비틀즈는 계약을 거절당한 음반회사로부터 "사운드가 맘에 안 든다. 그들에게는 장래가 없다."라는 말을 들었지만 역대 최고의 상업적 성공과 비평가들의 찬사를 누렸다.

아인슈타인, 잡스, 롤링, 메시, 에디슨, 비틀즈 이들의 비결은 바로 열정이었다. 이를 뒷받침해 주는 말이 있다. 프랑스의 철학자이자 소설가 드니 디드로는 "마음을 위대한 일로 이끄는 것은 오직 열정, 위대한 열정뿐이다."라고 해 그들이 어떻게 위대한 인물이 되었는지를 대변해 주고 있다. 열정을 우리의 실천 덕목으로 삼을 만하다.

열정은 우리가 갖추어야 할 최고의 능력이다

세계적인 경영석학 게리 하멜 교수는 저서 『경영의 미래』에서 창조
경제 시대 조직의 성공에 기여하는 개인의 능력을 설명한 바 있다. 그
는 이에 대한 기여도를 다음과 같이 백분율로 나타냈다.

- 열정(Passion)   - 35%
- 창의성(Creativity) - 25%
- 추진력(Initiative) - 20%
- 지력(Intellect)   - 15%
- 근면(Diligence)   - 5%
- 복종(Obedience)   - 0%

여기서 눈여겨 볼 항목은 바로 열정이다. 창의성보다 열정을 최상위
에 놓은 것이다. 게다가 그 비율도 10%나 높다. 그만큼 열정의 기여도
가 크다는 것이다. 이것이 단지 조직의 성공 기여도에만 적용되는 것
이 아님을 유의할 필요가 있다. 개인의 성공 조건에도 이 기여도가 그
대로 적용된다는 것이다. 이 기준에 비추어 볼 때, 여러분은 자기 일에
서 자신의 능력 중 열정이 차지하는 비중이 얼마나 되는지 한번 점검

해 보기 바란다.

    무슨 일을 할 때 사람의 능력에서 열정이 차지하는 비중이 크다는 것은 근면, 지력, 추진력, 창의성이 있다 하더라도 열정이 없다면 성공할 수 없다는 것을 뜻한다. 우리는 지금까지 막연하게 열정이 중요하고, 성공의 필수요소라고 얘기해 왔다. 그러나 게리 하멜 교수는 이를 논리적으로 잘 설명하고 있다. 여러분도 이제 열정이 성공에 얼마나 영향을 미치는지 확실히 인식했을 것이다.

    그리고 하멜 교수의 설명에 따르면, 산업경제 시대에는 근면이, 지식경제 시대에는 지력의 비중이 컸지만, 21세기 창조경제 시대에는 열정이 제일 큰 비중을 차지한다고 했다. 그러니 과거보다 지금이 훨씬 더 열정이 필요한 때이다.

    따라서 필자는 열정을 좀 더 넓게 이해하고 싶다. 열정은 목표 달성의 최고 수단, 운명을 결정하는 방향타, 생존을 위해서 일단 시작해 보는 것, 성공의 갈림길, 장애도 이겨내는 것, 몰입하는 것, 말이 필요 없는 것, 두려움 없이 뛰어드는 것, 막힌 길도 뚫고 가는 것, 어려움을 극복해 가는 불같은 에너지, 모든 것을 움직일 수 있는 것, 무한한 가능성을 가진 것 등이다. 이렇게 열정은 딱 한 마디로 말할 수 없기에 넓게 해석함이 좋을 것이다.

열정은 재능보다 더 나은 것이다

제너럴일렉트릭(GE)의 잭 웰치 회장은 "만약 한 가지만 남겨야 한다면 그것은 열정이다. 열정은 천재의 재능보다 더 났다."라고 했다. 그는 아무리 천재성을 타고 났다고 하더라도 열정이 없으면 성공할 수 없고, 비록 재능은 없더라도 열정만 있으면 위대한 사람도 될 수 있음을 말하고 있다.

성공하지 못한 사람들은 대개 성공하지 못한 이유로 '나는 재능이 없어서'라고 말한다. 그럼 성공한 사람들은 성공한 이유를 '나는 재능이 있어 성공했다.'라고 해야 맞는 말이다. 그런데 성공한 사람들은 아무도 그렇게 말하지 않는다. 그들은 오직 "정말로 하고 싶었던 일을 열정을 가지고 계속했을 뿐이다."라고 한다. 이는 성공은 재능의 문제가 아니라 열정에 있다는 반증이다.

조선의 시인 백곡 김득신 선생은 자기의 묘비에 이렇게 남겼다. "재주가 남만 못하다고 스스로 한계를 짓지 말라. 나처럼 어리석고 둔한 사람도 없겠지만, 결국에는 이룸이 있었다. 모든 것은 힘쓰는 데 달려 있다."

백곡 선생은 머리가 나쁘고 둔해서 열 살에 겨우 글을 깨우치고, 스무 살에 비로소 문장을 지었다. 그러나 수천수만 번 책을 읽고 또 읽어 59세에 문과에 급제하고, 당대 최고의 시인으로 이름을 떨쳤다. 그가 세상을 떠나면서 남긴 이 한 마디가 우리에게 큰 교훈을 준다.

재능을 탓하지 말고 열정을 갖고 미치도록 노력하라는 메시지다. 여러분도 충분히 가능하다. 열정만 있다면!

열정이 없다면 어떤 성공도 이룰 수 없다. 열정이 없다면 하다못해 자신을 변화시키거나 성장시킬 수도 없다. 인생에서 배신하지 않는 것이 있다면 열정이 아닐까? 그런 점에서 열정이 가장 중요하다고 할 수 있다.

블랙베레들이라고 해서 남보다 뛰어난 재능이 있는 것도 아니다. 많이 배우지도 못했다. 하지만 그들은 열정을 실천 덕목으로 삼고 "사나이 태어나서 한 번 죽지 두 번 죽나!"라는 신조로 열정을 불태운다. 그래서 그들은 열정 하나로 강자가 된다. 열정으로 한계에 도전하고, 한 번 도전하면 절대 포기하지 않는다. 그렇게 적을 제압할 수 있는 힘을 길러 낸다. 그들은 열정이 무엇인지 아는 자들이다.

2. 열정은 인생의 힘이다

왜 열정을 인생의 힘이라고 할까? 열정은 꿈꾸는 사람을 피 끓게 하기 때문이다. 그래서 열정은 피 끓는 젊음을 상징한다. 열정이 있는 사람은 젊고 힘이 있다. "열정을 상실한 사람은 노인과 같다." 이는 헨리 데이비드 소로가 한 말이다. 그의 말대로 나이가 들어도 열정이 있으면 젊은 청춘이고, 젊어도 열정이 사라지면 늙은이다. 그러기에 열정은 마치 발동기와 같아서 무엇을 꾸준히 하게 만드는 동력이요, 에너지원이다. 따라서 열정은 인생의 에너지 곧 힘이다.

열정을 인생의 힘이라고 강변한 사람이 있다. 스위스의 사상가 카를힐티는 "열정이 없는 곳에는 가치 있는 인생도 사업도 없다. 진리를 구하고 찾는 데에는 냉철한 이지(理智)의 힘이 필요하지만 이를 밀고 나가는 것은 열정이다. 어디까지나 진리에 충실하려는 열정, 이것이 없고서는 이지의 힘도 냉철해지지 못한다. 열정은 인생의 힘이다."라고 했다. 아무리 진리를 구하려 해도 열정이 없으면 밀고 나갈 수 없기 때문에 열정은 인생의 힘이라는 것이다.

동서고금을 막론하고 위대한 사람이나 성공한 사람들은 열정의 힘으로 인생을 살았다. 그들은 어떻게 열정을 인생의 힘으로 승화시켰을까?

열정은 영혼을 일깨워 젊음을 불태우게 한다

철강왕 카네기와 맥아더 장군의 집무실 벽에는 이런 좌우명이 걸려있었다고 한다.

"믿음이 있으면 젊은 것이고, 의혹이 있으면 늙은 것이다.
자신감이 있으면 젊은 것이고, 두려워하면 늙은 것이다.
희망이 있으면 젊은 것이고, 절망한다면 늙은 것이다.

세월은 피부에 주름을 만들지만, 사라진 열정은 영혼에 주름을 만든다."

　젊음과 열정을 잘 표현한 말이다. 두 사람은 이 좌우명을 항상 가슴에 품고 열정적인 삶을 살았다. 앤드루 카네기는 1835년 영국에서 가난한 직공의 아들로 태어나 미국으로 이주해 피츠버그의 슬럼가에서 살았다. 그는 정규교육을 고작 4년밖에 받지 못할 정도로 어려운 환경에서 자랐지만, 열정 하나로 위대한 인물이 되었다. 열정이 그의 인생에 성공의 원동력이 되었던 것이다.

　그리고 "노병은 죽지 않는다. 다만 사라질 뿐이다."라는 말로 유명한 더글러스 맥아더 장군은 한국전쟁 당시 인천상륙작전을 지휘할 때 나이가 일흔이었다. 그는 벽에 걸린 좌우명을 항상 되새기는 한편 새무얼 울만이 일흔여덟 살에 쓴 「청춘」이란 시를 매일 암송했다고 한다. 그러면서 그는 젊은이처럼 항상 열정을 불태웠다. 그가 암송했던 시를 보면 장군이 얼마나 젊음과 열정을 사모했는지 알 수 있다.

　"진정한 청춘이란 젊은 육체에 있는 것이 아니라 젊은 정신에 있다.

　장밋빛 볼, 앵두 같은 입술, 유연한 신체 이런 것들은 중요한 것이 아니다.

　중요한 것은 풍부한 상상력, 타오르는 열정, 이런 것이다. (중략)

　열정 없는 20대라면 그는 이미 노인, 열정 있는 60대라면 그는 한창 청춘이다."

맥아더 장군은 이 시를 통해 자신을 독려했다. 만약 그렇지 않았다면, 70세의 노장인 그가 열정이 식어 버려 본토(미국)의 반대에 굴복하고 말았을지도 모른다. 그랬다면 인천상륙작전은 없었을 것이다. 당시 미국 백악관은 인천상륙작전을 무리한 작전이라고 반대했다. 그래도 장군은 열정적으로 설득했고, 결국 승인을 얻어냈다.

젊은이들이여! 어떤가? 일흔이 넘은 노장도 젊음과 열정을 노래했다. 하물며 젊은이들이야 말해 무엇할까? 열정 없이 사느니 차라리 죽는 게 낫다'는 말도 있다. 인생을 열정 없이 하루하루를 밋밋하게 살아간다면 삶의 의미가 없다. 열정은 인간의 영혼을 일깨운다고 하지 않았던가. 그러니 여러분은 젊은이답게 열정적인 삶을 살아야 한다. 열정은 인생의 힘이다.

이지성, 열정의 힘으로 작가의 꿈을 이루다

이지성 작가는 저서 『스무 살, 절대 지지 않기를』에서 자신을 이렇게 소개하고 있다.

"대학시절 동아리 방에서 플래카드를 덮고 자도 꿈이 있어 춥지 않았던 사람. 빈민가 다락방에서 20원으로 1주일을 버틴 사람. 출판사로부터 80번 거절당해도 81번째 문을 두드린 사람. 그렇게 14년 7개월간의 고통스러운 시간을 보내고 마침내 꿈을 이룬 사람."

그는 스무 살에 세계적인 베스트셀러 작가가 되는 꿈을 꾸었다. 그리고 작가가 되기까지 말할 수 없는 시련과 고통을 겪었다. 그러나 그는 결코 포기하지 않고 열정으로 밀고 나갔다. 그 결과 그가 쓴 책이 5개 국어로 번역 출간되어 베스트셀러가 되었다. 결국 열정으로 꿈을 이룬 것이다.

또한 그는 시련을 열정으로 이겨냈다. 그가 글쓰기에 미치자 부모님은 외면했고, 사랑하는 애인도 떠났다. 절대로 작가가 될 수 없는 데도 미친 짓을 하고 있다는 게 이유였다. 그는 책에 이렇게 적고 있다.

"작가의 길을 걷기 시작했어. 처음엔 사람들이 칭찬해 주더라. 멋지다고, 독특하다고, 개성 있다고. 하지만 내가 학교 공부는 내팽개치고 글만 쓰니까 이런 말을 시작하더군. '걔, 진짜 이상한 것 같아!' 급기야는 이런 말까지 들었어. '미친 새끼' 가족도, 친구도, 선배도, 교수도 내 꿈을 인정해 주지 않았어. 아니 무시하고 비난하고 비웃고 짓밟기 바빴어. 난 말라 죽을 것만 같았어. 그렇게 14년 7개월을 보냈어."

그의 말을 들어보니 어떤가? 여러분이 이런 상황이었다면 어떻게 할 것 같은가? 이지성 작가처럼 열정적으로 피터지게 노력해 꿈을 이루겠는가? 아니면 포기하겠는가? 여러분도 포기하면 안 된다. 열정으로 미쳐야 한다. 여러분을 움직이는 발동기는 열정임을 명심하라! 열정만 있으면 된다. 열정이 발동기를 돌려 여러분을 움직이게 할 것이다. 그리고 꿈을 이루게 해줄 것이다.

이지성 작가는 지금도 열정적인 삶을 위해 20대 때를 회상하면서 시 한 편으로 자신을 다그친다.

"내 나이 아흔이 되어도
스무 살의 그 눈동자 그대로 불타오르기를
여전히 꿈에 미쳐 있기를
여전히 제정신이 아니기를
여전히 뜨거운 피로 펄펄 끓고 있기를
여전히 무시무시한 이상에 사로잡혀 있기를"

여러분도 열정으로 눈동자는 불타오르고, 꿈에 미쳐 제정신이 아니고, 뜨거운 피로 펄펄 끓고, 무시무시한 이상에 사로잡혀 있기를 원해 보라. 젊은이라면 이 정도는 갈망해야 하지 않겠는가? 그래야 피 끓는 청춘이고 겁 없는 청춘이라 할 수 있다. 여러분도 이지성 작가처럼 열정으로 꿈을 이루어라.

블랙베레, 열정 하나로 RC(Risk Consultant)로 도약하다

이제 블랙베레의 열정적인 삶을 따라가 보자. 특전사 707특수임무대대에서 7년간 복무하다 전역한 여군 출신 이정희 씨 이야기다. 이 씨는 남자들도 버거워하는 대테러 특수요원이었다. 이 씨는 특전사 생활을 이렇게 회상했다. "특전사에서 배운 뜨거운 열정과 책임감은 나의 인생에 무엇보다 소중한 자산이었다."라고.

이 씨에게는 전역 후 사회로 내딛는 첫발이 쉽지 않은 일이었다. 하지만 '불가능은 없다', '안 되면 되게 하라'는 특전정신이 사회생활을 시작하는 데 많은 도움이 되었다. 그래서 사회생활에 도전하는 것을 주저하지 않았다. 이 씨가 도전한 곳은 보험사 컨설턴트였다. 여기서 특전사에서 체득한 열정과 도전정신이 십분 발휘되었다. 7년간의 특전사 경험이 컨설턴트로서의 인생에도 훌륭한 지침서가 되었던 것이다. 그래서 장기보험 계약을 무려 450주를 연속해서 체결하는 경이적인 성과를 거두었다.

이러한 결과를 가져온 데는 열정이 있었기 때문이다. 이 씨는 '답은 항상 현장에 있다'는 것을 깨달았다고 했다. 이 또한 특전사에서 터득한 노하우다. 그래서 현장을 뛰는 데 열정을 쏟았다. 새벽 5시부터 밤 11시까지 하루 열여덟 시간을 뛰며 매일 30명 이상의 고객을 상담했다. 주변 사람들은 혀를 내둘렀다. 보통 사람으로는 도저히 감당할 수 없는 일이다. 특전사에서 갈고닦은 체력과 정신력 그리고 열정이 아니면 감히 엄두도 못 내는 강행군이었다.

이 씨의 열정은 여기에 그치지 않았다. 앞으로 더 큰 꿈을 내다보고 자기계발에도 열정을 쏟았다. 2011년에 연세대 최고위 정책과정, 2012년에 성균관대 MBA 프로그램, 2013년에 한양대 CEO 골프 최고

위 과정까지 마쳤다. 게다가 VIP 마케팅을 위해 시작한 골프는 코칭프로 자격까지 취득했다. 무엇이든 최선을 다하는 그의 열정을 엿볼 수 있다.

열정은 내 안에 있는 거인을 깨우는 에너지다. 여러분도 열정으로 내재해 있는 무한한 거인을 깨워라. 그러면 잠에서 깬 거인이 여러분을 이끌고 갈 것이다. 열정은 자기희생을 요구한다. 쉴 것 다 쉬고, 할 것 다 하고, 볼 것 다 보고, 그러면 언제 열정을 불태울 것인가? 자기를 희생했을 때 열정의 불씨는 살아난다. 이 씨는 하루 열여덟 시간을 발로 뛰는 희생을 감수해 열정의 불을 지폈다. 가슴 뛰는 삶은 열정에서 시작된다는 것을 명심하라!

독일의 철학자 프리드리히 헤겔은 "이 세상에서 열정 없이 이루어진 위대한 것은 아무것도 없다."라고 했고, 미국의 사상가 랠프 월도 에머슨은 "역사상 열정 없이 만들어진 성공은 없다."라고 했다. 이들의 말을 기억하라. 열정은 인생의 힘이다.

3. 미쳐야 미친다

'불광불급(不狂不及)'이란 '미치지 않으면 미치지(이르지) 못한다', 즉 어떤 일을 하는 데 미치광이처럼 그 일에 미쳐야 목표에 도달할 수 있다는 말이다. 남들만큼 해서는 남보다 뛰어난 성과를 거두기 어렵다. 남보다 성공한 사람이 되려면 어떤 한 가지 일에 미친 듯이 매달리지 않으면 안 된다. 다음의 일화 정도는 되어야 불광불급이라 할 수 있지 않을까?

조선의 서예가 월곡 최흥효 선생의 이야기다. 그는 늘 중국의 서예가 왕희지(王羲之)의 글씨를 배우기 위해 수없이 베껴 썼다. 그러나 아무리 연습해도 똑같이 되질 않았다. 그런데 그가 과거 시험장에 가서 답안지를 쓰는데, 우연히 한 글자가 왕희지의 글씨와 똑같이 써졌다. 그는 매우 기뻤다. 그래서 아까워 시험 답안지를 제출하지 않고 품에 넣어 와 버렸다. 월곡 선생은 이 정도로 글씨 공부에 미친 끝에 당대 유명한 서예가가 되었다.

또 조선 시대 학산수(鶴山守)란 명창이 있었다. 학 명창은 노래 공부하러 산에 들어가면 신발을 벗어 놓고, 한 곡을 부를 때마다 모래 한 알을 신발에 담았다. 그렇게 몇 년이 걸려 모래가 신발에 가득 차야 산을 내려왔다. 그러다 보니 신발에 풀이 났다고 했다.

이와 같이 무엇을 하든 이렇게 미친 듯이 하지 않고는 결코 높은 성취를 이룰 수 없다. 뜻을 세우고 목표를 정한 뒤에는 죽을 각오로 미쳐야 한다. 이것이 불광불급이다. 또 다른 사례를 보자.

미쳐야 최고에 이르게 된다

베이브 루스가 홈런왕이 되기까지 얼마나 미치게 노력했는지 보여주는 일화다. 그는 날아오는 야구공의 실밥까지 뚜렷이 보며 공을 칠 수 있었다고 한다. 과연 그게 가능한 것일까? 가만히 있는 공의 실밥을 보는 것도 쉽지 않은데, 어떻게 시속 120km로 날아오는 공의 실밥을 보고 공을 친단 말인가? 하지만 그는 가능했다. 남들보다 특별히 시력이 좋아서가 아니다. 연습에 미쳤기 때문이다. 그의 연습은 상상을 초월했다.

지독한 연습 벌레로 알려진 그가 며칠째 연습장에 나오지 않았다. 동료들은 의아하게 생각했다. 지금까지 없던 일이었다. 혹시 아파서 연습장에 못 나오는 게 아닌가 하고 그의 집을 찾았다. 그런데 집에 가 보니 집 안에서 음악이 흘러나오는 게 아닌가. 동료들은 무슨 일인지 들어가 보았다.

그는 친구들이 들어온지도 모른 채 공을 치기 직전의 자세를 취하고, 온 신경을 집중해 돌아가는 레코드판을 노려보고 있었다. 충격적인 장면을 본 친구들은 한동안 숨을 죽이고 바라보다가 그를 몇 번 불러 보았다. 그래도 알아차리지 못하자 그를 툭 쳤다. 그제야 동료들이 온 것을 알아차렸다.

동료들이 걱정스럽게 물었다.

"베이브, 연습에 빠지고 여기서 한가롭게 음악이나 듣고 있나? 도대체 지금 뭐 하는 거야?"

베이브가 빙그레 웃으며 답했다.

"실은 지금 홈런 치는 연습을 하고 있었어. 공을 제대로 치기 위해서는 날아오는 공을 정확히 볼 수 있어야 해. 그래서 돌아가는 레코드판의 바늘 끝을 공이라 생각하고 따라가고 있었던 거야. 처음에는 너무 빨라서 바늘 끝을 놓치기 일쑤였지만, 어느 순간부터 레코드판의 회전 속도가 느리게 느껴지면서 바늘 끝을 놓치지 않고 볼 수 있었어."

이 말을 들은 동료들은 감탄하며 그가 홈런을 많이 치는 이유를 알 것 같았다. 이 일화를 보면 베이브 루스가 얼마나 야구에 미쳤는지를 알 수 있다. 홈런왕은 그냥 되는 것이 아니었다. 무엇을 이루기 위해서는 열정으로 미쳐야 함을 잘 보여주고 있다.

골프에 미친 연습벌레 … 세계 정상에 서다

"저는 특기도 골프, 취미도 골프, 여가생활도 골프뿐입니다. 쉴 때도 골프를 생각하고, 제 인생의 모든 것은 골프로 채워져 있습니다." 최경주 프로의 말이다.

"신(神)이 우즈를 선택했다면 최경주는 신(神)을 감동시켰다."라는 말이 있다. 그는 비록 열악한 환경이었지만, 오직 성실과 끈기로 세계 정상에 우뚝 섰다. 그는 골프 불모지인 전라남도 완도에서 열일곱 늦은 나이에 골프를 시작해 미국 PGA 투어 한국인 1호 프로 골퍼가 된 인물이다. 그동안 우직하게 오로지 골프 하나에만 올인 해 살아온 사람, 뼈가 으스러지도록 오직 골프에 미친 사람이다.

최경주 프로가 골프와 인연을 맺게 된 것은 완도수산고 1학년 때 체육교사의 권유로 골프채를 잡았다. 그가 얼마나 많은 연습을 했던지, 당시 사용했던 연습용 7번 아이언은 닳고 닳아 골프채 밑바닥(sole)에 새겨진 7자가 없어졌다고 한다.

최 프로는 "꿈은 연습으로 이루어질 수 있다."라고 할 정도로 연습벌레다. 그에게 "골프 이외 취미가 뭡니까?"라고 물으면, 주저 없이 "연습이요."라고 대답한다. 그는 매일 4천 개의 공을 쳤다. 아침 5시 30분부터 밤 10시까지 하루 16시간 이상 연습했다.

그는 후배들에게 "미쳐야 성공할 수 있다."라고 말한다. 그래서 그의 골프 인생에 일화가 많다. 그만큼 골프에 미쳤다는 얘기다. 한 기자가 골프를 잘하는 비결을 묻자 "나는 골프에 미쳤을 뿐입니다."라고 말했다. 그가 골프 연습에 얼마나 미쳤는지 알 수 있는 대목이다.

그는 이런 적도 있다고 한다. 얼마나 연습을 오래 했던지 연습이 끝날 때 골프채와 손바닥이 엉겨 붙어 쉽게 떼지 못했다. 그래서 손가락을 조심스럽게 하나하나 떼어내는 식으로 골프채를 분리할 정도였다. 또한 하도 연습을 많이 해서 오른발 엄지발가락이 안으로 휘어 그 안쪽을 수술로 절제했다고 한다.

연습의 중요성에 대한 그의 말을 한 번 들어보자. "오늘 1,000개를 치겠다고 자기와 약속을 했다면 1,000개를 쳐야 한다. 999개를 치고 내일 1,001개를 치겠다며 골프채를 내려놓는 순간 성공은 당신을 떠나간다."라고 했다.

최경주 프로의 말과 에피소드를 보면 그가 얼마나 연습을 중요하게 여기고, 미치도록 연습했는지를 알 수 있다. 그는 골프에 미쳤고, 미쳤기 때문에 세계 정상에 우뚝 설 수 있었다. 여러분은 최경주 프로의 연습 과정을 보고 무엇을 느끼는가? 대단하다고 느끼는가? 그렇다면 여러분도 대단하게 하면 된다. 그게 성공의 정답이다.

블랙베레 골프 마니아, 싱글 골퍼가 되다

목숨 건 골프 마니아가 있었다. 사람들은 그를 보고 골프에 미쳤다고 했다. 2003년 7월 27일 그는 운전 중에 정신을 잃었다. 잠시 후 정신이 들어 주위를 살펴보니 병원이었다. 차 속에서 정신을 잃고 있는 것을 지나가는 행인이 발견하고, 119에 신고해 충남대학교병원 응급실로 긴급 후송되었던 것이다. 그리고 위 정맥류 출혈 봉합 수술을 받고 13일 만에 퇴원했다.

왜 느닷없이 병원 이야기냐고? 이유가 있다. 이게 모두 골프 때문에 일어난 일이기 때문이다. 당시 그는 골프를 배운 지 얼마 되지 않아 100돌이(스코어가 100타를 넘기는 사람을 일컬음)였다. 한창 골프에 미칠 시기였다. 골프는 시작한 지 6개월 내지 1년 안에 싱글(single, 핸디캡(handi-cap)이 9 이하의 한 자리 숫자인 사람을 말함)을 못 하면 평생 못 한다는 말이 있다. 이 말이 그를 미치게 만들었다.

우선 100돌이부터 면해야 했다. 한 번 집중적으로 라운딩을 하면 100돌이가 깨질 것 같았다. 그래서 작심하고 14일 동안 휴가를 내어 하루도 거르지 않고 전국을 돌며 골프를 쳤다. 그리고 3일 후 앞에서 말한 응급실로 실려 간 사태가 벌어지고 말았다. 누적된 피로가 위 정맥류 출혈로 발현된 것이다. 그가 바로 필자다.

그렇게 병원 신세를 지고 퇴원 후 1주일 만에 라운딩을 했더니 신기하게도 100돌이가 깨졌다. (목숨을 건 보람이 있었던지?) 그 뒤로 1년 동안 또 미쳤다. 마침내 2004년 6월 24일 이글(Eagle)을 하면서 79타로 생애 첫 싱글골퍼가 되었다. 골프채를 잡은 지 1년 6개월 만이었다. 그 후 대학 골프학과를 졸업했고, 홀인원(hole in one)도 했다.

이렇듯 열정으로 미치면 무엇이든 이룰 수 있다. 그것이 위대한 것이든 아니든, 큰 것이든 작은 것이든, 크기의 문제가 아니라 얼마나 미치느냐가 문제다. 베이브 루스는 홈런왕이 되었고, 최경주 프로는 PGA 우승자가 되었다. 그리고 필자는 작은 소망을 이루었다. 미쳤기 때문이다. 필자는 이렇게 말하고 싶다. "작은 일에라도 한 번 미쳐 보라. 그리고 이뤄내 보라. 그러면 미치는 재미를 느낄 것이다. 열정의 맛을 알 것이다." 여러분도 열정으로 미쳐라. 미치지 않으면 결코 미치지(이르지) 못한다.

4. 열정에 미쳐라

"목숨 걸고 노력하면 안 되는 것이 없습니다. 목숨을 거십시오. 내가 하는 분야에서 아무도 다가올 수 없을 정도로 정상에 오르려면 돈이 문제가 아닙니다. 내가 정상에 오르면 길가에 핀 꽃도 다 돈입니다." 대우중공업 김규환 명장의 말이다.

그는 사환으로 입사해 23년 만에 초정밀 분야에서 한국 최고의 명장이 되었다. 초등학교도 나오지 못했지만, 하루 3시간 이상 잠을 자본 일이 없을 정도의 열정으로 국가기술자격증 2급을 9전 10기 끝에 땄고, 1급은 6전 7기 끝에 땄다. 지금은 한국에서 1급자격증 최다 보유자다.

이것뿐이 아니다. 그는 정말로 열정에 미친 사람이다. 대우중공업 사환시절 기계설명서를 읽기로 마음먹은 후부터 독서에 미쳐 지금까지 1만 권의 책을 읽었다. 밤 12시에 일어나 새벽 6시까지 책을 읽다가 출근했다고 한다. 그리고 발명제안 2만 4,612건과 국제 발명 특허 62건을 냈다. 학사 학위도 취득했다. 게다가 5개 국어를 구사한다. 그는 초등학교도 나오지 않았다. 여러분은 믿어지는가? 그러나 그는 "목숨 걸고 노력하면 안 되는 일이 없다."라고 했고, 실제로 그는 삶으로 입증해 보였다.

여러분은 이렇게 말할지도 모른다. "누구나 최고가 되고 싶고, 성공하고 싶지만 아무나 되는 것은 아니다."라고 말이다. 그러나 아무나 될 수 있다. 안 되는 것은 오직 목숨 걸고 미치지 않았기 때문이다. 여러분도 김규환 명장처럼 될 수 있다. 일례로 김 명장은 심청가를 1천 번 이상 듣고 완창을 했다고 한다. 여러분도 1천 번 이상 들으면 완창을 할 수 있다. 못한다면 1천 번을 듣는 노력을 하지 않았기 때문일 뿐. 모든 일이 마찬 가지다. 미치면 이루어진다.

여러분은 '미치지 않으면 이루지 못한다.'는 말을 가슴에 새겨라. 그리고 자신이 하고 있는 일에 목숨 걸고 미쳐 보라. 앞에서 소개한 미친 사람들처럼. 여러분의 주변 사람들이 미친 짓 하고 있다고 말하고, 미친 사람이라고 할 때 여러분은 비로소 미친 것이다. 그렇지 않으면 제대로 미친 것이 아니다. 제대로 미치지 않으면 이루지 못한다는 것을 명심하라.

무엇에 미치려면 억지로 되지 않는다. 자기가 싫어하는 일, 재미없는 일에는 열정을 쏟아부을 수 없다. 그러니 열정을 발산할 나만의 일을 찾아야 한다. 그것이 바로 즐길 수 있는 일이다. 대부분 사람들은 일을 힘든 것이라 생각한다. 일을 즐기지 못하기 때문이다. 에디슨에게 이런 질문을 했다. "하루 18시간 연구하는 일이 힘들지 않습니까?" 이 질문에 그는 "나는 평생 단 하루도 일이란 것을 해본 적이 없습니다. 모두 즐거움 이었죠."라고 했다.

자기 일에 열정을 가지고 세상을 살아가는 사람에게는 모든 것이 즐거움이 되는 것이고, 그렇기 때문에 그 일에 미칠 수 있는 것이다. 여러분은 일을 하고 있는가? 아니면 즐기고 있는가? 일을 하느냐 즐기느냐는 마음 자세에 달렸다. 간절히 바라는 일이나 열정을 발산할 수 있는 일에 한 번 미쳐 보라!

1. 성공한 멘토에게 배우자.

열정적인 삶을 살고자 한다면 열정으로 성공한 사람에게 배우자. 그를 멘토로 삼아 배우자. 세계에서 가장 강한 여자라고 불리는 힐러리조차도 20대에 열정적으로 멘토를 찾았다. 그리고 멘토의 회사에서 무보수로 일하면서 배웠다는 일화가 있다. 필자는 독서 고수와 작가가 되기 위해 김병완 작가를 멘토로 삼아 배웠다. 여러분은 그런 멘토가 있는가? 없다면 지금부터라도 찾아라. 그리고 그와 정기적으로 만나서 치열하게 배워라. 자신에게 이런 질문을 해보자.

- 나의 핸드폰에는 멘토의 전화번호가 저장되어 있나?
- 내 일주일 스케줄에는 멘토와 만남의 시간이 있나?

2. 6시간 수면법칙을 실천하자.

열정은 다른 말로 하면 미치는 것이다. 미치지 않으면 이룸도 없다. 이 세상에서 성공한 사람치고 미치지 않은 사람은 없다. 미치려면 절대시간이란 게 필요하다. 즉 일정한 시간의 투자가 필요하다는 것이다. 하루는 24시간이다. 그런데 5~6시간 투자하고 열정을 다했다고, 미쳤다고 할 수 없다. 최소한 하루에 한 가지 일에 16시간은 투자해야 미쳤다고 말할 수 있다. 그러기 위해서는 수면 시간을 줄여야 한다. 글로벌 미디어 기업 NBC 유니버설 CEO 제프 주커의 말을 들어 보자. "나는 보통 하루에 4시간 내지 5시간을 자지만 항상 잠을 많이 자는 것 같아 불만이다. '잠을 좀 더 줄일 수만 있다면, 더 많은 일을 할 수 있을 텐데…….'라고 말한다. 또한 아인슈타인은 하루 4시간 이상 자는 것은 사치라고 했다.

'6시간 수면법칙'을 실천해 보자! 말 그대로 자신의 꿈을 실현하는 일에 몰입하면서 18시간을 깨어 있어야 한다. 그러면 아마도 주변 사람들이 여러분을 미쳤다고 할 것이다. 또 이런 생활을 얼마나 하는가 보자며 비웃을 것이다. 하지만 딱 두 달만 실천한다면 사람들이 여러분을 다시 볼 것이다. 여러분은 할 수 있겠는가? 두려운가? 처음 시작하기가 어렵다. 하지만 잠도 정복 못 하면서 자기 변화를 기대할 순 없다. '6시간 수면 법칙'에 편법이란 없다. 오직 의지만으로 부딪쳐야 한다. 평생 하라는 것이 아니다. 3년만 실천해 보자! 그러면 인생이 뒤집힐 것이다. 필자도 독서와 글쓰기를 하면서 이 법칙을 실천하고 있다.(사실 이 법칙은 '4시간 수면법칙'이다. 하지만 여러분이 미리 겁먹고 포기할까 봐 살짝 에누리를 한 것이니 4시간 수면법칙도 도전해 보기 바란다.)

3. 자기계발서를 읽자.

열정은 그냥 생기는 것이 아니다. 뭔가 동기가 있어야 한다. 필자는 책을 통해 동기를 얻었다. 자기계발서다. 자기계발 없이는 열정도 성공도 없다는 말이 있다. 그 말이 꼭 맞다. 이지성 작가는 멘티로 삼은 정회일 씨에게 1년에 자기계발서 365권을 읽게 했다. 그것을 실천한 그는 불치의 병으로 7년 동안 두문불출할 정도로 나락에 떨어진 삶에서 열정적인 사람으로 다시 태어나, 억대 연봉자로 인생이 뒤집혔다. 여러분도 1년에 자기계발서 365권(100권도 좋다)을 읽고 열정적인 삶을 살아보라! 하지만 단순히 책만 읽는 게 아니다. 책에서 가르치는 내용을 치열하게 실천해야 한다. 그래야 자기 것이 된다.

Lesson 2.

[도 전]　도전을 두려워 마라

할 수 없을 것 같은 일을 하라.

실패하라. 그리고 다시 도전하라.

이번에는 더 잘해 보라.

넘어져 본 적이 없는 사람은

단지 위험을 감수해 본 적이 없는 사람일 뿐이다.

이제 여러분 차례이다.

이 순간을 자신의 것으로 만들라.

-오프라 윈프리(방송인)

1. 도전, 너는 대체 무엇이냐

도전(挑戰)이란 대체 무엇인가? 한자어 뜻은 '싸움을 걸거나 돋움'이고, 사전적 의미는 '정면으로 맞서 싸움을 걺'이다. 그러고 보면 도전은 새로운 것을 향해 나아갈 때 닥치게 되는 시련을 피하지 않고 정면으로 돌파해 나가는 것이 아닐까?

사람에 따라 도전을 다양하게 표현하고 있다. 미국의 영화배우 시슬리 타이슨은 "도전이란 우리를 비범하게 만들어 주는 것"이라고 했고, 효성그룹 조석래 회장은 "도전이란 늘 하던 것을 더 잘하는 것이 아니라, 그것을 부수고 새롭게 만든다는 자세로 새로운 환경에 적응하도록 스스로 훈련시키는 데 전력을 기울이는 것"이라고 했다.

그리고 안철수 의원은 도전에 대해 "도전은 겁나는 것이 아닙니다. 자신이 가진 걸 버리고 하는 게 도전이 아니지요. 의대 교수하다가 안철수 연구소라는 벤처기업을 창업했던 저를 예로 들어볼게요. 의사를 하다가 그만두고 컴퓨터 프로그램을 만든 것이 아니었습니다. 제 전공인 심장부정맥을 더 열심히 공부하려고 컴퓨터를 시작하게 된 겁니다.

그러다 의사를 하면서 백신을 만드는 일을 병행했던 것이죠. 그래서 나중에 하나를 선택할 순간이 왔을 때 선택할 수 있었던 겁니다. 자신의 것을 버리고 미지의 세계로 풍덩 뛰어드는 것을 도전이라고 생각하는 분들이 많이 계시는데요. 그게 아닙니다. 그건 무모한 것이죠. 꾸준히 준비하다가 어느 순간 선택을 하면 그게 도전입니다. 최선을 다해 열심히 사는 사람들이 가질 수 있는 선택권이 도전이라고 생각합니다."라고 했다.

이들의 말을 들어보면 도전이라는 말이 여러 가지로 해석된다. 필자는 '도전이란 무엇인가를 성취하기 위해 어려움을 무릅쓰고 밀고 나가는 용기, 불확실한 미래를 현실로 개척할 수 있는 유일한 방법'이라고 정의하고 싶다.

여러분이 생각하는 도전의 정의는 무엇인가

국내 모 그룹에서 직원들에게 "오프라 윈프리는 도전을 자신을 변화시키고 세상을 변화시키는 기회를 가져오는 것이라고 정의한 바 있습니다. 여러분이 생각하는 도전의 정의는 무엇입니까?"라고 설문했다.

이에 대해 과장을 비롯한 직원들은 여러 가지 자기 생각을 써냈다. 대략 다음과 같다.

- 자신의 궁극적인 길을 찾아가는 과정이다.

- 아무리 쉬운 일에도 실패가 있기 때문에 모든 일이 도전이다.

- 목표를 가지고 부딪쳐 보는 것이다.

- 불가능을 가능케 하는 것이다.

- 어떤 일이든 용기를 내어 하는 것이다.

- 지금에 만족하지 않고 한 걸음 더 나아가기 위해 노력하는 것이다.

- 신체와 두뇌를 새로 일깨워 주는 자기 혁명이다.

- 성취하고 싶은 것에 대한 새로운 시도이다.

- 나만의 색을 만들어 가는 과정이다.

- 현재의 이점을 포기하고 지금보다 발전하기 위해 용기를 내는 것이다.

어떤가? 좀 더 쉽게 와 닿지 않은가? 독자 여러분의 정의는 무엇인가?

이를 가만히 들여다 보면 도전에 대한 생각이 저마다 각양각색이지만 공통적인 키워드(key word)가 있다. '좀 더 나은 변화'라는 것이다. 도전은 우리의 삶을 변화시킨다. 실패한 사람을 성공한 사람으로, 약한 사람을 강한 사람으로, 가난한 자를 부자로 바꾸어 놓는다. 그러나 한 번 정도의 도전으로 변화가 일어나지 않는다. 도전했다가 실패해도 두 번 세 번 재도전해야 변화가 일어난다. 도전이란 뜻의 'challenge'에서 'lle'의 세 철자를 떼어내면 변화라는 'change'로 바뀐다. 이렇듯 실패에도 불구하고 세 번 정도는 재도전해야 변화가 나타나지 않을까?

도전은 나이도 초월한다

『중용』에 보면 "생각하지 않았다면 몰라도 일단 생각했다면 얻어지는 것이 있을 때까지 멈추지 않는다."라는 말이 있다. 이 명언은 한 번 도전했다면 성공할 때까지 도전을 멈추지 말라는 진리를 깨우쳐 준다. 바로 칠전팔기(七顚八起)이다.

우리에게 큰 교훈을 주는 일화가 있다. 271전 272기 할아버지와 959전 960기 할머니의 도전 이야기다.

경북 영주시 순흥면에 사는 칠순의 서상문 할아버지는 2000년 8월부터 5년여 동안 무려 272번을 도전해 마침내 2005년 4월 12일 2종 보통 운전면허 필기시험에 합격했다. 서 할아버지는 글을 읽지 못해 엄두조차 못 내다가 2000년부터 구술시험이 도입되어 시험을 볼 수 있었다. 그러나 할아버지가 수십 차례 시험에 떨어지자 할머니가 제발 그만하라고 성화를 부렸다. 하지만 할아버지는 아랑곳하지 않고 횟수가 거듭될수록 도전정신은 더욱 굳건해졌다.

서 할아버지는 매월 두 번 있는 구술시험을 보기 위해 매주 강원도 태백과 경북 문경 시험장을 오가며 도전했다. 그렇게 시험에 떨어지기를 200회가 넘어갔다. 이쯤 되면 포기할 만도 한데 할아버지의 도전은 멈출 줄 몰랐다. 그러자 따가운 시선을 보내던 주변 사람들은 이젠 할아버지를 응원하기 시작했고, 모두가 간절히 합격을 기원했다. 그리고 할아버지는 오기를 내어 도전을 계속했고, 마침내 272번째 도전에서 학과시험 커트라인 60점에 턱걸이로 합격했고, 기능시험에도 합격해 꿈을 현실로 만들었다.

최근에는 서 할아버지보다 더한 도전정신을 발휘해 세계적으로 화제를 모은 할머니가 있다. 전북 완주군 소양면에 사는 69세의 차사순 할머니는 5년 동안 무려 960번을 도전해 2종 보통 운전면허증을 땄다. 이를 계기로 차 할머니는 국내 자동차회사 광고 모델로 등장해 2010년도 '올해의 광고모델상'을 받았다. 그리고 미국의 주요 일간지 뉴욕 타임스 인터넷판과 시카고 트리뷴지(紙)에 할머니의 도전 신화가 소개됐다.

차 할머니는 전주 중앙시장 등을 오가며 푸성귀를 팔았는데, 생업을 위해 운전면허가 꼭 필요하다고 생각해 운전면허 시험에 도전장을 냈다. 할머니는 2005년 4월 13일 첫 시험에서 15점을 받았고, 그 후 35점, 40점, 50점 조금씩 점수는 올랐지만, 매번 60점에 못 미쳐 줄곧 낙방했다. 그러나 포기하지 않고 950번째 도전해 2009년 11월 4일 합격의 기쁨을 안았다. 그리고 기능 및 주행시험에도 10번째에 합격했다. 그러니 통산 960번을 도전해 2010년 5월 7일 면허증을 딴 것이다.

미국의 주요 일간지 시카고 트리뷴지는 할머니의 도전정신을 귀감으로 삼으라고 미국 부모들에게 이렇게 조언했다. "아이들에게 도전 정신을 가르치고 싶다면 차 할머니의 사진을 눈에 잘 띄는 곳에 걸어두라." 그리고 "아이들이 누구인지 물어보면, 960번의 도전 끝에 운전면허를 따낸 올해 69세 된 대한민국 할머니라고 말하라."라고 했다.

필자는 이 두 분의 도전정신을 보며 절로 머리가 숙여졌다. 여러분은 무엇을 느꼈는가? 뭔가 마음에 와 닿는 것이 있을 것이다. 그럼 됐다. 여러분도 할 수 있다. 도전하고 끝까지 그 도전을 멈추지 않는다면 말이다.

'성공했다'의 반대말이 무엇인지 아는가? '실패했다'라고. 아니다. '도전하지 않았다'이다. 도전하지 않으면 우리에겐 성공도 실패도 찾아볼 수 없다. 세계적인 성공학 연구가 나폴레온 힐의 말을 기억하기 바란다. "오늘의 젊은이들은 도전을 두려워하고 모험을 피하려 한다. 거기에 따르는 실패와 패배가 두렵기 때문이다. 그러나 도전했다가 실패하면 50% 실패한 것이지만, 도전조차 하지 않으면 100% 실패한 것이다."

도전은 성공의 어머니다

도전 없는 성공이란 있을 수 없다. 도전했다가 실패하면 절반을 잃지만 도전조차 하지 않는다면 전부를 잃는다. 무슨 일을 하든지 위험은 따르게 마련이다. 위험이 있다고 도전하지 않는다면 아무것도 할수 없다. 자동차 사고가 많이 난다고 해서 자동차를 타지 않는다면 어떻게 되겠는가? 발달된 교통수단의 혜택을 누릴 수 없다. 도전도 그와 마찬가지이다.

미국의 소매상협회에서 세일즈맨들의 거래 실적과 집념의 상관관계를 연구했다. 물건을 판매할 때 세일즈맨 중 48%는 단 한 번 권유하고 포기했다. 25%의 세일즈맨은 두 번 권유하고 포기했다. 15%의 세일즈맨은 세 번 권유하고 포기했다. 세일즈맨 중 오직 12%만이 네 번 이상 권유했다. 그러나 놀라운 사실은 네 번 이상 권유한 12%의 세일즈맨이 전체 판매량의 80% 이상을 차지하고 있다는 점이다. 결국 88%의 세일즈맨이 판매한 상품은 고작 20%에 불과했다. 도전하는 자에게 성공은 찾아온다.

미국의 교육학자 레오 버스카글리아 교수의 말을 새겨듣자. "인생에서 가장 큰 위험은 아무것도 감수하지 않는 일이다. 아무런 위험도 무릅쓰지 않는 사람은 아무것도 할 수 없고, 아무것도 가질 수 없고, 아무것도 아니며, 아무것도 배울 수 없다. 고통과 슬픔을 피할 수 있을지 모르지만, 배우고 느끼고 변화하고 성장하고 사랑하면서 살 수는 없다. 확실한 것에만 묶여 있다면 그는 노예다. 그는 자유를 잃은 사람이다. 위험을 감수하는 사람만이 자유롭다. 모험을 해보고 무엇이 일어나는지 보라."라고 했다. 그의 말을 요약하면 도전 없는 삶은 자유를 잃은 노예와 같은 삶이기 때문에 위험을 무릅 쓰고 도전하는 삶을 살라는 것이다. 인생에서 가장 큰 위험을 피하려면 위험을 감수하라. 위험에 도전하여 배우고 느끼고 성장하고 사랑하면서 살아보는 게 어떤가.

도전은 블랙베레를 지배하는 혼이다

그럼 블랙베레에게는 도전이란 무엇일까? 그들은 '백절불굴의 투지'를 특전 혼으로 삼고, "나는 불굴의 검은 베레, 어떠한 역경도 극복한다!"라는 특전신조를 지킨다. 그래서 그들은 도전을 전유물로 여긴다. 도전 없인 아무것도 이룰 수 없다는 것을 잘 알고 있기 때문이다.

그들에게는 도전이 생명과도 같다. 도전 없이 현실에 안주해 버리면 결코 적과 싸워 이길 수 없다. 적과 싸워 이기려면 한계를 뛰어넘는 체력과 정신력을 가져야 한다. 그래서 더 강한 체력, 더 높은 정신력을 길러야 한다. 그러기 위해서는 한 단계 높은 수준에 항상 도전해야 한다.

그들은 도전을 통해 자신의 잠재력을 발견하고, 그 잠재력을 계발해 나간다. 코피 아난 전 유엔사무총장은 "사람들은 도전에 직면해서야 비로소 자신이 가지고 있는 잠재력을 발견하게 된다. 자신의 능력을 발휘해야 할 필요가 있을 때까지는 사람들은 절대로 자신의 잠재력을 알지 못한다."라고 했다. 그들은 코피 아난의 말을 잘 알고 실천하고 있는 것이다.

2. 블랙베레는 도전을 즐긴다

성공으로 가는 길에는 숱한 시련과 역경이 도사리고 있다. 성공을 이룬 사람치고 한번쯤 시련과 역경을 겪지 않은 사람이 없다. 이 시련과 역경에 좌절하지 않고 정면으로 돌파해 나가는 것이 도전이다. 그래서 도전이라는 계단을 밟고 올라 설 때 성공이라는 정상에 오를 수 있는 것이다. 따라서 성공하는 인생은 도전하는 인생이다. 도전 없인 절대 성공할 수 없다.

그래서 블랙베레는 인간의 한계에 도전한다. 그리고 그 도전을 즐긴다. 피할 수 없으면 즐기라는 말을 잘 알기 때문이다.

사람들은 특전사 하면 낙하산 타는 것을 연상한다. 멋지다고 한다. 하지만 멋지게 보일 수도 있겠지만, 거기에는 수많은 시련이 따른다. 체력적, 정신적 한계에 이르게 된다. 그래서 공수훈련은 도전정신의 시험대다. 그들이 도전을 즐기는 과정을 보자.

공수훈련, 인간의 한계에 도전하다

공수훈련은 체력과 정신력, 즉 깡다구를 기르는 훈련이다. 그러니 체력에 한계가 올 때까지 잡아 돌린다. 두려움을 없애고 자신감을 불어넣기 위해서다. 비행기에서 뛰어내려야 하는데 겁에 질려 뛰어내리지 못한다면 어떻게 되겠는가? 그래서 도전정신이 필요하다.

그리고 공수훈련은 무의식 상태에서도 조건반사적인 행동이 나오도록 수백수천 번의 반복 훈련을 한다. 낙하산이 펴지지 않았을 때 무의식적으로 예비낙하산을 펼 수 있도록 하기 위해서다. 실제로 낙하산이 펴지지 않거나 생명줄(낙하산을 펴 주는 끈)이 끊어져 추락하는 사고가 드물게 일어난다. 이때 예비낙하산을 펴야 목숨을 건질 수 있다.

모형탑 훈련은 보통 '막타워 뛴다.'고 한다. 탑 자체가 인간이 가장 공포심을 느낀다는 11m 높이다. 고소 공포증이 있으면 이 과정을 통과하기 어렵다. 이 훈련은 비행기에서 뛰어내리는 절차를 숙달하는 훈련이다. 막타워를 뛸 때마다 교관이 동작과 절차를 평가해 합격 여부를 판정한다. 다섯 번을 합격해야 한다. 대부분 20회 이내에 합격하지만 일부는 50회 넘게 뛰는 사람도 있다. 그러면 지쳐서 초죽음 상태가된다. 그래도 끝까지 도전해 다섯 번을 합격해야 한다. 중간에 포기하면 퇴교(退校)되어 낙오자가 된다.

공수교육생들이 모형탑 훈련을 하고 있다.

낙하산 타기, 도전 과정은 험난하다

필자가 경험한 강하하던 날의 심경을 잠시 적어 볼까 한다.

강하하는 날! 설렘과 긴장감이 뒤섞여 야릇한 기분이다. 아침 일찍 트럭을 타고 성남 비행장으로 향한다. 3주 만에 보는 바깥세상이 어쩐지 낯설다. 심호흡을 크게 해본다. 그리고 '오늘 강하가 잘 될까? 기분이 어떨까?' 이런저런 상념에 잠긴다.

어느새 비행장에 도착한다. 그때부터 조금씩 긴장되기 시작한다. 소변이 마려워진다. 여기저기서 화장실을 들락거리는 사람이 점점 늘어난다. 모두 똑같은 심정인 모양이다. 왜 그렇게 소변이 자주 마려웠던지? 낙하산을 메기 직전까지 대여섯 번은 들락거린다.

낙하산을 받으면 정말 소중히 다룬다. 옮길 때도 혹시 잘못될까 봐 조심스럽게 양손으로 안는다. 누가 지나가다 실수로 낙하산을 건드리기라도 하면 가슴이 철렁한다. "어-어-어 조심해!" 곧바로 어디가 잘못되었는지 살핀다. 이렇게 예민한 반응을 보이는 것은 낙

강하자들이 낙하산을 메고 비행기 탑승을 기다리고 있다. 겉으로는 태연해 보이나 속은 엄청 타고 있을 것이다.

하산을 생명과도 같이 여기기 때문이다.

낙하산을 메고 비행기 탑승을 기다린다. 이때부터 낙하산에 대한 불안이 스멀스멀 일어난다. '내 낙하산이 잘 펴질까? 만약 안 펴지면 예비낙하산을 펴야지!' 그러면서 예비낙하산 펴는 순서를 머릿속으로 더듬어 본다. 손바닥에 땀이 나기 시작하고 예비낙하산 개방손잡이를 계속 만지작거리게 된다. 기분이 참 묘하다.

비행기를 타면 모두 긴장된 기색이 역력하다. 서로를 보며 초조함을 숨기려고 애써 거짓웃음을 지어 보인다. 하지만 숨길 수 없다. 얼굴이 누렇게 변하고, 입술이 바짝바짝 마른다. 교관들이 긴장하지 말라고 군가를 시키면 악을 쓰며 군가를 부른다.

비행기가 고막을 찢을 듯 제트엔진 굉음을 내며 활주로를 내달린다. 순간 몸이 붕 뜨는 느낌이 든다. 밖을 보니 몸은 이미 비행기와 함께 하늘 높이 떠 있다. 비행기는 한강을 따라 행주산성을 향해 날아가고 있다.(70년대는 강하장이 행주산성 맞은 편 한강 모래사장이었다.)

강하조장이 '강하지역 4분 전'이라고 외친다. 뛰어내릴 시간이 4분 남았다는 뜻이다. 온몸에 오금이 저려 온다. 이어서 "일어서.", "고리 걸어.", "고리 줄 검사." 구령이 떨어

강하자들이 정박줄에 생명줄 고리를 걸고 서 있다.

진다. 의자에서 일어나 낙하산에 연결된 생명줄 고리를 비행기 정박줄에 걸고 안전핀을 꽂는다. 그리고 확실히 걸렸는지 생명줄을 두세 번 잡아당겨 검사한다. 이어서 비행기 안전근무 요원이 생명줄 고리를 하나하나 이중으로 체크한다.

이렇게 철저하게 점검하는데도 불구하고 드물게 실수가 생겨 사고가 난다. 생명줄 고리를 걸지 않거나 걸었더라도 안전핀을 꽂지 않아 고리가 풀려 낙하산이 퍼지지 않고 그냥 추락하는 사고다.

장비검사까지 끝났다. 비행기 안은 엔진 소리 때문에 고함을 쳐도 무슨 소린지 잘 들리지 않는다. 그리고 문을 통해 들어오는 바람이 얼마나 센지 마치 시속 200km로 달리는 트럭 적재함에 서 있는 것처럼 몸을 가누기조차 어렵다. 게다가 비행기가 좌우로 흔들린다. 혼이 반쯤 나간 상태다.

강하조장의 '문에 서'라는 구령에 강하자가 비행기문 앞에 바짝 다가선다. 이때 간혹 사고가 발생한다. 혼이 빠진 강하자가 뛰라는 것으

첫 번째 강하자가 문에 서서 뛰어나갈 준비를 하고 있다.

첫 번째 강하자가 뛰어나가고 있다.

로 착각해 홀딱 뛰어나가 버리는 경우다. 얼마나 힘차게 나가는지 안전근무자가 미리 뛰어나가지 못하게 붙잡고 있는데도 당해내지 못한다. 그러면 어떻게 되겠는가? 안전한 곳에 떨어지면 모를까 그렇지 않으면······.

도전에 따르는 시련, 졸지에 똥통에 빠진 오리 새끼

비행기가 강하지역 상공에 도달하면, 강하조장이 지면을 보고 있다가 비행기가 정확하게 T자 패널(강하표지) 위를 지날 때 뛰어나가게 해야 한다. 그래야 안전한 지역에 낙하할 수 있다. 만약 조금 빠르거나 늦으면 안전지역을 벗어나 떨어지기 때문에 사고가 난다.

드디어 "뛰어!"란 구령이 떨어진다. 문을 박차고 나가는 순간 세찬 바람이 몸을 획 낚아채 간다. '어-어-헉!' 하는 순간 뭔가 끌어당기는 느낌을 받는다. 낙하산이 펴진 것이다. '휴-살았구나!' 몸이 하늘에 둥둥 떠다니고 시원한 바람이 얼굴을 만지고 지나간다. '상쾌하다! 기분

비행기문을 박차고 뛰어나간 뒤 낙하산이 펴지고 있다.

이 째진다!'는 말이 절로 나온다.

아래를 보니 땅이 서서히 솟구쳐 오르는 것 같다. 시간이 갈수록 점점 빨리 올라온다. 왠지 또 불안해지기 시작한다. '좋은 곳에 떨어져야 할 텐데!' 지면을 살펴보니 바로 아래가 반짝반짝 빛나고 매끈해 보였다. '옳지 저기 떨어지면 되겠구나! 다행이다.'라고 생각하고 배운 대로 앞꿈치와 무릎을 붙이고 착지를 준비했다.

그런데 아니 이게 어찌된 것인가? 지면이 딱딱해야 하는데 철퍼덕 소리가 나더니 밑으로 가라앉았다. '아차! 물에 빠졌구나!' 순간 조건 반사적으로 구명대 안전핀을 뽑았다. 순식간에 양쪽 겨드랑이에 큼지막한 노란 풍선이 부풀어 올랐다. 그 모습이 영락없는 오리 새끼다. 정신을 차려 보니 가슴 깊이의 똥통에 빠진 것이다. 다행이 깊지 않아 목숨은 건졌다. 그러나 온몸이 완전히 똥물에 잠겨 범벅이 되었다. 그야말로 똥통에 빠진 오리 새끼가 되어 버렸다.

낙하산을 타고 내려오는 모습

독자들은 '무슨 똥통이냐?'고 믿지 않을 것이다. 지금의 신행주대교와 방화대교 사이 한강공원은 1976년 당시에는 한강변의 모래밭과 습지였다. 그곳에 서울시 분뇨처리장이 있었다. 분뇨처리장은 지금 같은 시설이 아니라 군데군데 웅덩이를 파고 분뇨를 퍼다 버렸다. 그런 웅덩이가 20여개 있었고 어떤 것은 연못만큼 컸다. 우리는 이를 일명 '똥통'이라 불렀다. 거기에 강하자들이 자주 빠지곤 했다.

도전의 선물, 가슴에 찬란한 공수 윙(wing)을 달다!

그렇게 첫 번째 강하는 웃지 못할 추억거리를 남겼지만, 두 번째와 세 번째 강하는 성공적이었다. 드디어 마지막 강하! 이제 제법 익숙해졌다. 첫 번째 강하 때와는 많이 달랐다. 낙하산을 대하는 태도도 사뭇 달라졌다. 처음에는 신주단지처럼 다뤘지만 그렇게까지 하지 않아도 낙하산은 펴진다는 것을 깨달았다. 비행기를 타도 처음처럼 긴장하지 않았다. 교관의 눈을 피해 옆 사람과 농담도 하고 장난까지 쳤다. 그래서 도전과 훈련이 필요한가 보다!

이전과 다름없이 비행기를 이탈했다. 낙하산이 펴졌다. 낙하산이 나를 태우고 유람했다. "하-좋다. 이대로 계속 떠 있으면 좋겠다."고 중얼거리며 사방을 둘러봤다. 한강이 시야에 들어왔다. 마치 거대한 용처럼 보였다. 서울의 빌딩숲이 발에 밟힐 듯했다. 김포공항에는 비행기들이 잠자리가 줄지어 앉은 것 같았다. 멋진 광경이었다.

안전하게 착지하여 낙하산을 회수하며 말했다. "아! 이제 끝났다." 기쁜 마음으로 '공수-공수'를 외치며 집결 장소로 뛰었다. 인원점검이 끝나고 낙하산을 반납했다. 그리고 막걸리 파티가 있었다. 그동안 피와 땀이 저린 철모에 막걸리를 받아 마시니 온 세상이 내 것처럼 느껴졌다. 도전이 가져다 준 선물이다. 이 기분을 겪어 보지 않으면 어찌 알겠는가?

블랙베레는 이렇게 탄생했다. 도전의 결과다. 모두 눈시울을 적시며 '검은 베레모' 군가를 불렀다.

"보아라! 장한 모습 검은 베레모!
무쇠 같은 우리와 누가 맞서랴!
하늘로 뛰어 솟아 구름을 찬다.
검은 베레 가는 곳에 자유가 있다.
삼천리 금수강산 길이 지킨다.
안 되면 되게 하라 검은 베레 용사들!"

도전은 영광이 되어

공수 교육이 왜 그렇게 힘들고 어려운지 이제 이해가 가는가? 사람의 생명과 직결되기 때문에 편하고 쉽게 할 수 없다. 그래서 가슴에 단 공수 휘장이 가치가 있는 것이다. 명예로운 도전의 훈장이요, 도전을 통한 성공의 선물이다. 이것은 도전 없인 받을 수 없는 것이다.

필자는 이러한 도전정신이 밑거름이 되어 30년 동안 군 생활을 하였고, 특별히 그중에서도 20년 동안 특전사에 몸담을 수 있었던 원천이 되었다.

독자 여러분은 어떤가? 한 번 도전해 보고 싶은 마음이 생기지 않은가? 도전해 보라! 그렇다고 공수 훈련을 받으라는 말이 아니다. 각자 위치에서 자기가 지향하는 목표와 꿈에 도전하라는 것이다. 모든 성공은 도전으로 만들어진다. 실패하더라도 결코 포기하지 말고 될 때까지 도전하는 것이다. 그러면 모형 탑 훈련에서 초죽음이 되어 합격할 때까지 도전해, 끝내 가슴에 공수휘장을 단 블랙베레처럼 도전이 가져다 준 훈장과 선물을 받을 것이다.

여러분도 도전하고, 도전하고, 또 도전하라!!

3. 블랙베레는 도전을 멈추지 않는다

우리의 인생은 도전과 실패, 재도전의 연속이다. 그래서 성공한 사람들은 "삶은 도전이다. 도전 그 자체를 즐겨라!"라고 말한다. 또한 "인생은 도전이다. 도전을 멈추는 자는 죽은 자밖에 없다."라고까지 말한다. 하지만 대부분의 사람들은 도전을 피하려 한다. 도전했다가 실패할 것을 두려워하기 때문이다.

혼다 소이치로 회장은 "도전해서 실패하는 것을 겁내지 마라. 오히려 아무것도 안 하는 것을 두려워하라."라고 했다. 그의 말대로 도전했다가 중간에 실패했다고 해서 겁낼 게 아니라, 다시 도전하지 않는 것을 두려워해야 한다. 따라서 도전을 멈추면 안 된다. 실패를 두려워해 시도조차 하지 않는다면 아무것도 얻는 게 없기 때문이다.

블랙베레, 특수훈련에 도전 또 도전하다

블랙베레의 신조는 "안 되면 되게 하라!"이다. 따라서 그들의 삶은 도전의 연속이다. 그들은 도전을 통해 고도의 전투기술을 익힌다. 그렇지 않으면 최고의 전사가 될 수 없다. 그래서 그들은 강하조장(jump master), 해상척후조(scuba diving), 낙하산 포장정비(parachute rigger), 고공강하(sky diving) 등의 특수훈련에 도전한다. 필자가 도전했던 훈련들이다.

대부분 특전사하면 멋지게 고공강하하는 모습을 떠올린다. 하지만 보기에 멋진 만큼 도전 과정은 험난하다. 또한 생명을 담보로 하기에 위험도 따른다. 지금까지 적지 않은 고공 요원들이 안타깝게도 순직했다.

고공강하는 강하 자세가 매우 중요하다. 그러기에 지상에서 수만 번도 더 연습한다. 자세가 나쁘면 자칫 생명을 잃을 수도 있다. 왜 그럴까? 강하 자세가 나쁘면 공중에서 떨어지면서 몸이 뱅글뱅글 돌게 된다. 점점 빨리 돌아 팽이처럼 돌게 되면 정신을 잃을 수 있다. 또한 자세가 나쁘면 마치 통나무를 공중에서 떨어뜨린 것처럼 제멋대로 뒹굴면서 떨어지게 된다. 그러면 낙하산이 퍼지면서 몸을 휘감거나 꼬이게 되어 위험에 처한다.

낙하산 포장도 중요하다. 일반 공수 요원은 전문가가 포장한 낙하산을 메고 강하하지만, 고공강하자는 자기가 직접 낙하산을 포장해 강하한다. 그러기에 낙하산 포장 연습도 수백 번 반복한다. 그런데도 첫 강하 때는 에피소드가 많다.

첫 번째 강하 전날, 저녁을 먹고 나면 괜히 포장해 놓은 낙하산에 대해 미심쩍은 생각이 든다. "낙하산 포장이 제대로 된 건가?" 이런 생각이 들면 의심이 꼬리를 물어 그냥 넘길 수 없게 된다. 그래서 한두 명이 낙하산을 꺼내 다시 포장하기 시작하면, 다른 사람들도 덩달아 참지 못한다. 결국, 너도나도 낙하산을 다시 포장하는 해프닝이 벌어진다. 블랙베레도 인간이기에 어쩔 수 없나 보다!

헬기에서 생명줄을 달고 강하하고 있다.

강하는 처음에 생명줄(static line) 강하를 한다. 낙하산에 연결된 생명줄을 비행기에 고정시켜 낙하산이 생명줄에 의해 펴지도록 하는 것이다. 이때 교관이 강하 자세와 낙하산 펴는 동작을 평가해 합격 여부를 판정한다. 세 번을 합격해야만 생명줄을 떼고 자유낙하(free fall)를 시킨다. 이것을 '배꼽 뗀다'고 한다. 마치 갓난아기의 탯줄을 끊는 것과 같다. 끝내 배꼽을 떼지 못하면 퇴교된다.

배꼽을 떼고 나면 자유낙하를 하다가 스스로 낙하산을 편다. 점차 고도를 높여 4,000피트, 6,000피트, 8,000피트 이렇게 점점 높여 2만 피트까지 올라가며 자유낙하 시간을 연장시킨다.

자유낙하는 시속 300㎞ 속도로 떨어진다. 이때 강하 자세를 바꿔가며 공기저항을 이용하면 낙하 속도와 방향을 조절할 수 있다. 45도 대각선으로 날 수도 있다. 그래서 자유낙하하면서 서로 붙었다 떨어졌다 할 수 있는 것이다.

자유낙하할 때 기분은 정말 환상적이다. 말로 표현이 안 된다. 비행

낙하산을 펴지 않고 자유낙하를 하고 있다.

기에서 뛰어내리면 100m 정도까지는 추락하는 느낌이 든다. 그러다 가속도가 붙으면 몸이 바람의 저항을 받아 뭔가에 떠받쳐지는 느낌이 든다. 떨어지는 게 아니라 오히려 밀려 올라가는 것 같은 느낌이다. 쉽게 말해 몸이 구름 위에 둥둥 떠 있는 기분이다.

전술무장 강하는 3만 피트에서 40kg의 군장을 매달고 강하한다. 이때는 산소가 희박하기 때문에 산소마스크까지 쓴다. 또한 엄청난 추위에 노출된다. 만약 겨울이라면 체감온도가 영하 50℃까지 내려간다. 고도가 100m 올라갈 때마다 기온은 평균 0.5~0.6℃ 떨어지기 때문이다. 그래서 고공침투용 특수복장과 장비를 착용한다. 이래도 멋있게 보이는가? 강인한 정신력과 체력이 따르지 않으면 안 된다. 그리고 도전정신이 절대 필요하다.

낙하산 조종술도 중요하다. 일반 낙하산에 비해 고공용 낙하산은 기동성이 좋다. 그만큼 자유자재로 움직일 수 있다는 것이다. 그래서

고공침투 장비를 착용하고 전술 강하를 하고 있다.

정밀강하를 할 때는 3cm 원반의 목표물도 밟을 수 있다. 반면에 조종이 예민하기 때문에 위험성도 높다. 조종을 잘못하면 낙하산이 전복되거나 실속(失速)이 일어나 양력을 잃어 추락 사고를 당할 수 있다.

이렇게 블랙베레는 독수리가 되어 3만 피트 창공을 날았다. 고공침투 요원이 된 것이다. 위험을 무릅쓰고 도전한 결과다. 도전 없이는 절대 불가능하다.

여러분도 도전하라! 자기 앞에 놓인 위험을 회피하지 말고 도전하고 또 도전해 보라! 인생이 달라질 것이다. 거듭 말하지만 공수부대원이 되라는 얘기가 아니다. 블랙베레의 도전정신을 본받아 자신의 꿈과 목표에 도전해 보라는 것이다.

미국의 방송작가이자 프로듀서인 다이앤 프롤로브는 "인생은 위험의 연속이다. 정말 중요한 것을 위해 위험을 무릅쓸 각오가 없다면 당

낙하산을 조종하며 내려오고 있다.

신은 죽은 거나 진배없다."라고 했다. 여러분은 어떤가? 소중한 일을 위해 위험을 무릅쓸 각오가 되어 있는가?

그리고 온갖 역경을 도전으로 이겨내고 세계에서 유일한 흑인 억만 장자로, 세계에서 가장 영향력 있는 여성으로 인생을 뒤집은 오프라 윈프리는 "조금도 위험을 감수하지 않는 것이 인생에서 가장 위험한 일이다."라고 했다. 위험을 두려워하지 말고 도전하라는 말이다. 귀담 아 들어야 한다.

4. 도전하는 사람만이 인생을 뒤집는다

인도의 지도자 마하트마 간디는 이렇게 말했다. "어떤 사람이든 추위, 더위, 배고픔, 목마름을 이기지 못하고 불쾌한 일을 참고 견디는 힘이 없다면 그는 결코 인생의 승리자가 될 수 없다. 그런 사람은 결코 빛나는 명성을 얻을 수 없을 것이다. 인내는 정신의 숨겨진 보배다. 그 것을 활용할 줄 아는 사람이 현명한 사람이다. 자신의 도전에 대해 의심하지 마라. 그 도전을 멈추지 않는 한 인생의 한계를 넘어 누구나 쉽게 접할 수 없는 성공이라는 낙원의 입구로 반드시 들어가게 될 것이다." 간디의 말처럼 도전을 멈추지 않았기 때문에 성공이라는 낙원의 입구로 들어가게 된 블랙베레가 있다.

특전사 중사 출신, 카이스트에 도전하다

특전사 중사 출신이 카이스트에 도전해 인생을 뒤집은 일화가 있다. 그가 바로 이장희 씨다. 그의 도전기는 『공부역전 공부법』이란 책과 MBC TV에서 방영한 '공부의 제왕'에 소개된 바 있다. 이 중사는 7년이 넘는 직업군인의 길을 과감히 뒤로하고 공부에 도전했다. 그리고 당당히 카이스트 물리학과에 입학해 석사 과정을 마쳤다. 지금은 포항공대에서 박사 과정을 밟고 있다. 이 정도면 인생이 뒤집힌 것 아닌가?

여기서 우리가 주목할 것은 고등학교를 중퇴한 그가 9년의 시간을 돌아 카이스트 물리학도가 된데 있다. 정말 쉬운 일이 아니다. 독자 여러분도 그 치열했던 수능 경험을 갖고 있기에 짐작이 될 것이다. 그를 이렇게 만든 것이 과연 무엇일까? 바로 도전정신이다. 특전사에서 배운 "안 되면 되게 하라!"라는 특전신조가 원천이었다.

특전사, 직업군인의 길에 도전하다

이 씨는 1996년 특전사 부사관에 지원했다. 그리고 장기복무 지원까지 했다. 그는 그때의 결심을 이렇게 말한다. "그 당시 목표는 '국립묘지에 묻히는 것'이었어요." 이게 무슨 뜻인가? 군 생활에 뼈를 묻겠다는 뜻이다. 20년 이상 장기복무 군인은 사후(死後)에 국립묘지에 안

장된다는 것을 비유해 직업군인이 되겠다는 말이다.

그의 특전사 생활은 이렇게 시작되었다. 여러분도 알다시피 특전사란 곳이 만만한 곳이 아니다. 블랙베레가 되려면 지옥 같은 공수훈련과 특수전 훈련을 마쳐야 한다. 그야말로 자신의 한계를 뛰어넘어 다시 태어나야 한다. 흔히 험난한 인생을 살아온 사람을 두고 '산전수전 다 겪었다'고 한다. 하지만 블랙베레는 '산전수전 공중전에다 특수전까지 겪었다'고 말한다. 그만큼 힘든 과정을 거쳤다는 뜻이다. 하지만 이씨는 모든 훈련을 잘 견뎌 내고 중사가 될 때까지 7년 동안 훌륭한 블랙베레로 생활했다.

그는 특전사 생활을 이렇게 회상했다. 『공부역전 공부법』이란 책을 보면 그는 이렇게 말하고 있다. "훈련 중에 가장 힘들었던 것이 일주일 동안 $400km$를 걷는 천리행군이었는데, 그때는 일렬로 걷기 때문에 옆에 대화할 사람도 없고 오직 혼자서 생각만 하면서 걷게 되거든요."라고 했다.

그리고 그는 이러한 훈련을 통해 자신감과 인내력 그리고 도전정신을 기를 수 있었다고 말했다. MBC TV 〈공부의 제왕〉 프로그램에 출연해 진행자가 "군 생활을 하다가 뒤늦게 공부한다는 게 쉽진 않았을 텐데 어떻게 했습니까?"라고 묻자 그는 망설임 없이 "누구보다 더 열심히 할 수 있다는 자신감이 있었기 때문에 그런 도전을 할 수 있었고, 공부하는 데는 특전사 생활을 통해 얻은 도전정신과 끈기가 도움이 되었습니다."라고 했다.

카이스트에 도전, 인생을 뒤집다

이 중사는 1996년부터 2004년 2월까지 7년 6개월간 특전사에서 장기복무 부사관으로 근무하다 뒤늦게 공부에 뜻을 품고 전역했다. 수능에 도전하기 위해서다. 무엇이 이런 도전을 가능하게 했는가? 불굴의 도전정신이다. 생각해 보라! 만약 여러분이 이 씨였다면 이런 결정을 할 수 있겠는가?

그는 전역을 하자마자 수능 공부에 돌입했다. 전투적 자세로 임했다. 공부에도 특전사 기질이 유감없이 발휘됐다. 학원에서 열심히 공부했지만 금방 성적이 오르지 않았다. 그래서 스스로 경쟁심을 유발시켰다. 그는 『공부역전 공부법』이란 책에서 이렇게 말했다. "제가 처음 달성한 목표는 학원 친구와 언어영역 점수 내기에서 이긴 것입니다. 그 친구와 제가 뒤에서 1, 2등을 다투던 암울한 시기였죠. 모의고사 점수로 내기해서 그 친구를 이겨 한 주 내내 코코팜을 얻어먹었습니다."

그가 특전사에서 배운 노하우를 또 써먹은 게 있다. 특전사는 교육훈련할 때 금언이 있다. '훈련은 실전처럼 실전은 훈련처럼'이다. 이를 수능 모의고사에 적용했다. 그는 이렇게 말했다. "수능 보기 열흘 전부터 혼자서 모의 수능을 봤어요. 아침부터 저녁까지 수능과 똑같은 시간대에 맞춰서 모의 수능 연습을 한 거죠. 그렇게 '연습은 실전처럼, 실전은 연습처럼' 수능을 봤어요."

그가 3월에 수능 공부를 시작하여 4월 모의고사에서 320점, 6월에 407점, 8월에 464점을 받았다. 그리고 수능에서는 468점을 받았다. 공부를 시작한 지 단 9개월만이다. 경이롭지 않은가? 고등학교를 중퇴하여 검정고시로 학력을 인정받은 그였다. 그리고 고된 훈련이 연속되는 특전사에서 7년 6개월을 보냈다. 그런 그가 9개월 만에 당당히 카이스트 물리학과에 합격한 것이다.

그의 인생을 이렇게 뒤집어 놓은 것이 무엇이라고 생각하는가? 그가 천재이기 때문인가? 아니다. 그는 어느 모로 보나 천재적인 면은 보이지 않는다. 평범하다. 그럼 무엇 때문인가? 자신감과 도전정신이다. 그가 군에 있을 때 인터넷에서 전년도 수능 문제를 다운받아 풀어 보니 200점이 겨우 넘었다고 했다. 그때 해볼 만하겠다는 자신감이 생겼단다. 그는 또 이렇게 말했다. "철도 들었고 중학교 때 공부도 좀 했고, 무엇보다 특전사에서 얻은 인내와 끈기에는 자신이 있었기 때문에 공부에 도전하기로 결심하고 전역을 했습니다."

만약 그가 수능문제를 풀어 보고 200점밖에 나오지 않았을 때 "나는 안 돼! 200점 가지고는 어림도 없어!"라고 하면서 포기해 버렸다면 오늘의 그가 있을 수 있겠는가? 결코 있을 수 없다.

여러분은 어떤가? 이 중사처럼 도전할 것인가? 아니면 포기할 것인가? 자신감을 갖고 도전해야 한다. 일단 도전하면 반은 성공이다. 나머지 반은 인내와 끈기로 최선을 다해 밀어붙이면 된다. 그래서 '안 되면 되게 하라!' '안 되면 될 때까지!'라는 신조가 있는 것이다.

5. 두려워 말고 도전하라

　많은 사람들이 성공을 꿈꾸고 갈망하지만 모두가 성공하는 것은 아니다. 도전하지 않으면 성공은 내 것이 될 수 없다. 도전은 성공으로 가는 첫걸음이다. 도전하는 사람만이 원하는 것을 얻을 수 있고 성공할 수 있다. 하지만 사람들은 도전을 두려워하고 회피한다. 그 이유는 실패를 두려워하기 때문이다. 모든 도전에는 시련과 역경이 숨어 있다. 그러기에 도전에는 실패도 따를 수 있다. 그렇다고 실패가 두려워 도전을 포기해선 안 된다. 시련과 역경이 닥쳐도 끝까지 도전해야 한다. 실패에서 교훈을 얻어 다시 도전해야 한다. 도전하고, 도전하고, 또 도전해야 한다.

　블랙베레는 도전을 두려워하지 않는다. "안 되면 되게 하라! 사나이 태어나서 한 번 죽지 두 번 죽나!" 이게 무슨 말인가? 특전사의 모토다. 세상에 안 되는 일은 결코 없다. 그러기에 무엇이든 목숨 걸고 도전하면 불가능도 가능하게 만든다. 이것이 바로 특전사가 생명같이 여기는 특전신조다.

　도전이란 '정면으로 맞서 싸움을 걺'이라는 뜻이다. 어떤 장애물이 앞을 가로막아도 뒤로 물러서거나 포기하지 않고 정면으로 뚫고 나가는 것을 말한다. 하지만 말대로 쉽진 않다. 막상 장애물이 나타나면 누구나 주저하게 된다. 그러기에 도전에는 결단과 투지가 필요하다. 이것이 도전정신이다. 블랙베레는 도전정신이 투철하기 때문에 도전을 두려워하지 않는다.

도전정신은 우리의 삶에 큰 영향을 미친다. 성공한 사람들은 어떠한 어려움이 닥치더라도 포기하지 않고 도전에 도전을 거듭해 결국 성공을 일궈 낸다. 그러나 실패한 사람들은 아예 도전을 포기하거나 한 번 도전해보다가 안 되면 좌절해 주저앉고 만다. 이것이 성공한 사람과 성공하지 못한 사람의 차이다.

특전사 블랙베레는 어떤가? 결코 포기란 없다. 오직 도전만이 살아 남을 수 있다고 믿기 때문이다. 필자는 "안 되면 되게 하라!"라는 도전정신으로 지금까지 살아 왔고, 앞으로도 그렇게 살 것이다. 그래서 군에서 전역하고 국가공무원에 도전하여 국민권익위원회에서 전문위원을 지낸 바 있고, 지금은 작가에 도전하여 이렇게 책을 쓰고 있다. 그리고 그 도전은 현재 진행형이다. 세계적인 작가가 되는 것이 도전 목표이기 때문이다.

앞에서 소개한 이장희 씨는 고등학교를 중퇴하였고, 게다가 7년이 넘게 군 생활을 하면서 공부의 끈을 놓은 상태였다. 그럼에도 불구하고 수능에 도전하여 카이스트에서 학사와 석사학위를 받았다. 그리고 지금은 포항공대에서 박사 과정을 밟는 인생 대역전극을 쓰고 있다. 무엇이 그를 그렇게 만들었을까? 바로 두려워하지 않는 도전정신이다.

우리는 도전을 통해 인생을 뒤집은 사람을 많이 본다. "해보기나 해 봤어?"라는 말로 유명한 고 정주영 회장은 '하면 된다'는 불굴의 도전정신으로 신화를 이뤄 냈다. 그리고 "그도 하고, 그녀도 하는데 내가 왜 못해?(He can do, She can do, Why not me?)"라고 하면서 'Can do 정신'
으로 아메리칸 드림을 일궈 낸 TYK(김태연의 이니셜)그룹 김태연 회장이
대표적인 사례다. 그들의 공통적인 키워드는 불굴의 도전정신이다.

서양 속담에도 "중단하는 자는 결코 성공할 수 없고, 성공하는 자
는 결코 중단하지 않는다.(Quitter never Wins, Winner never quits.)"라는 말
이 있다. 끊임없이 도전하라는 말이다. 성공하고 싶은가? 그렇다면 도
전하고, 도전하고 또 도전하라! 그러면 여러분의 인생이 뒤집힐 것이
다. 두려워 말고 도전하라. 도전하는 자만이 인생을 뒤집는다.

1. 꿈과 목표를 가져라.

도전하기 위한 첫 단계는 꿈과 목표를 가져야 한다. 축구할 때 골대가 없다면 축구 선수가 어디를 향해 공을 차겠는가? 마찬가지로 도전을 하려면 도전할 대상이 명확히 설정되어야 한다. 목표도 없이 무턱대고 도전할 수는 없는 것이다. 우선 자기 자신을 점검해 보자.

- 나의 꿈과 목표는 무엇인가?
- 나의 꿈과 목표는 나를 성장시키기에 충분한가?

만약 꿈과 목표가 아직 없다면 꿈과 목표를 정하라. 또한 꿈과 목표가 충분히 도전할 가치가 없다면 바꿔라. 자신의 한계를 뛰어넘는 도전이라야 인생이 뒤집힌다는 것을 명심하라.

2. 도전을 못 하는 이유를 파악하고, 긍정적인 사고로 전환하자.

도전하기 위해서는 도전의 걸림돌이 무엇인지를 알아야 한다. 무엇 때문에 도전을 못 하는지 적어 보자. 이런 이유 때문인가?

- 나는 자신감이 없어 도전을 못 한다.
- 나는 도전할 능력이 없다.
- 나는 의지력이 약해 안 된다.
- 나는 실패가 두려워 도전을 꺼린다.

이런 부정적인 이유라면 긍정적으로 바꿔 생각하자. 역발상 전략이다.

3. 도전하지 않으면 안 될 상황을 만들어 지금 당장 도전하자.

도전은 미루면 안 된다. 지금 당장 시작하자. 도전은 미루면 도망가는 속성이 있음을 명심하자. 그리고 도전하지 않으면 안 될 상황을 만들어라. 예를 들면 이렇다. 작가에 도전한다면 "나는 작가가 된다."라고 미리 선포해 버린다. 남을 의식해서라도 작가되기를 포기하지 않도록. 그리고 작가되기 프로젝트에 무리를 해서라도 참가한다. 그러면 자기 통제가 된다. 필자가 써먹은 수법이다.

Lesson 3.

[극 기] 자신을 뛰어넘어라

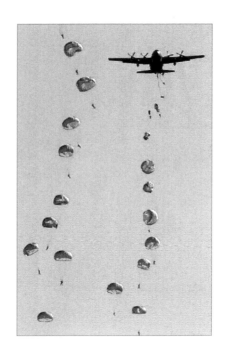

克己復禮爲仁(극기복례위인)

一日克己復禮 天下歸仁焉(일일극기복례 천하귀인언)

爲仁由己 而由人乎哉(위인유기 이유인호재)

나를 이기고 예로 돌아감이 인이 된다.

하루라도 나를 이기고 예로 돌아가면 천하가 인으로 돌아간다.

인을 행하는 것이 자기에게 달려 있지 다른 사람에게 달려 있겠는가.

-공자

1. 자신을 이기면 세상도 이긴다

극기란 『논어』에 나오는 말로 욕망과 정념(情念)을 누르고 이상과 목적을 실현하는 데 전념하는 것이라 했다. 오늘날에는 자신의 욕망을 절제해 이치에 맞게 행동해야 한다는 뜻으로 쓰인다. 사전적 의미로는 '자기의 감정이나 욕심, 충동 따위를 이성적 의지로 눌러 이김'이라고 정의하고 있다. 이를 한마디로 요약하면 자신과 싸워 이긴다는 뜻이다. 세상에서 가장 무서운 적은 자신이라 했으니 자신을 이기면 세상도 이기게 되는 것이다.

극기복례는 세상을 이기는 진리다

'극기(克己)'란 말은 『논어』 「안연편」에 나오는 '극기복례(克己復禮)'에서 유래되었다.

공자의 제자 안연이 공자에게 인(仁)에 대해 물었다. 공자는 "극기로써 예(禮)를 되찾는 것이 인이다."라고 했다. 즉 '극기복례가 인'이라는 것이다. 그러면서 "하루만 극기하여 예를 찾게 되면 천하 만물이 다 인으로 돌아온다."라고 덧붙였다. 또한 공자는 "인을 행하는 것이 자기 자신에게 달려 있지, 결코 남에게 달려 있는 것이 아니다."라고 했다. 그러자 안연이 구체적으로 어떻게 해야 하느냐고 물었다. 공자는 "예가 아니면 보지 말고, 예가 아니면 듣지 말며, 예가 아니면 말하지 말고, 예가 아니면 움직이지 말라."라고 했다.

요약하면 '인'은 사람의 도리요, '예'는 사람이 갖추어야 할 행동 기준이며, '극기'는 자신의 욕망을 이기는 것이다. 따라서 공자가 "극기복례가 인이다."라고 한 말은 자기 욕망을 이겨서 사람이 갖출 행동 기준을 지키는 것이 사람의 도리라는 뜻이다. 이 도리를 행하는 것은 자기 자신에게 달렸다고 했다. 그렇다고 보면 현실 생활에서 우리의 가장 큰 적은 우리 자신인 셈이다.

한편 요즘에는 자기에게 닥친 육체적·정신적·환경적 고난을 극복하는 것을 일컬어 극기라고 한다. 인생에 시련이 닥칠 때 포기하지 않고 그에 맞서 싸워 이김으로써 성공적인 삶을 사는 것도 자기 자신을 이기는 것이기 때문이다. 오늘날 우리에게는 '극기복례'보다 오히려 고난 극복과 시련을 이기는 극기가 더 피부에 와 닿는다. 칭기즈칸의 말을 들어보자.

몽골제국의 창시자 칭기즈칸은 "집안이 나쁘다고 말하지 마라. 나는 아홉 살 때 아버지를 잃고 마을에서 쫓겨났다. 가난하다고 말하지 마라. 나는 들쥐를 잡아먹으며 연명했다. 배운 게 없다고 탓하지 마라.

나는 내 이름도 쓸 줄 몰랐으나 남의 말에 귀 기울이면서 현명해지는 법을 배웠다. 적은 밖에 있는 것이 아니라 내 안에 있었다. 나는 내게 거추장스러운 것은 모조리 쓸어버렸다. 나를 극복하는 순간 나는 칭기즈칸이 되어 있었다."라고 명언을 남겼다.

결론적으로 도덕이 땅에 떨어진 요즘에 '극기복례'가 중요하다. 그리고 자신에게 닥친 고난을 극복하는 것 또한 중요하다. 따라서 사회적으로는 공의를 위해 극기복례의 극기가, 개인적으로는 성공적 삶을 위해 고난 극복의 극기가 필요하다 하겠다.

자신을 이긴 자는 가장 강한 자다

앞에서 자기와의 싸움에서 이기는 것이 극기라 했다. 남을 이기기 전에 자신을 이겨야 한다. 내가 나를 이긴다는 것은 참으로 어렵다. 그러기에 자신을 이기는 자는 가장 강한 자다. 따라서 그 누구도 자신을 이긴 자를 굴복시키지 못한다. 다음 금언을 들어보자.

노자는 "남을 이기는 것은 힘이 있는 것이요. 자기를 이기는 것은 강한 것이다."라고 했다. 즉 자신을 이긴 자가 강한 자라는 것이다.

또 불경의 『법구경』에는 "전쟁터에서 혼자 수천 명의 적과 싸워 이긴 사람보다 자기 자신과 싸워 이긴 사람이 진정한 승리자요, 자기 자신을 이기는 자야말로 전사 중에 최상의 전사이다."라는 구절이 있다.

그리고 원불교 『대종경』의 법문에는 "다른 사람을 이기는 것이 그 힘이 세다 하겠으나, 자기를 능히 이기는 사람은 천하의 어떤 사람이라도 능히 이길 힘이 생기느니라."라고 했다.

이보다 더 극기를 강조한 말이 또 어디에 있겠는가? 우리의 삶은 자기와의 싸움에서 시작하여 자기와의 싸움으로 끝난다 해도 과언이 아니다. 그러기에 우리는 자기를 이겨야 한다. 그래야 남도 이기고 세상도 이길 수 있다.

자신을 이기는 가장 강한 자가 세상도 이긴다

자신을 이기면 가장 강한 자요, 진정한 승리자요, 누구도 능히 이길 수 있는 자라고 금언은 말하고 있다. 이는 자신을 이기면 세상도 이길 수 있다는 말과 같다. 우리는 동서고금을 막론하고 자기와의 싸움에서 이긴 진정한 승리자들을 많이 보아 왔다. 그 사례를 보자.

삼국통일의 대업을 이룬 신라의 명장 김유신 장군은 극기에 대한 일화를 많이 남겼다.

김유신 장군은 한때 관천이라는 기생에게 푹 빠졌다. 이 사실을 알게 된 장군의 어머니는 "네가 장차 삼국통일의 꿈을 펼칠 대장부냐?"라며 꾸짖었다. 그 후 장군은 관천의 집에 발길을 끊었다. 그런데 어느 날 전쟁터에서 돌아오는 길에 극도로 피곤하여 말 위에서 졸고 있었다. 그 사이 애마(愛馬)가 장군을 태운 채 기생 관천의 집으로 갔다. 그러자 장군은 "주인의 심정을 모르는 애마 너는 죽어 마땅하다."라며 칼로 말의 목을 베어 버렸다.

또 장군이 전쟁터에서 돌아오자마자 백제가 침공해 다시 출정하게 되었다. 가는 길이 장군의 집 앞을 지나가게 되었는데, 소식을 듣고 가족들이 대문 앞에 나와 있었다. 그러나 장군은 부하들도 가족을 보지 못하고 전쟁터로 가는 마당에 자신만 가족을 만날 수 없다며 보지 않고 지나쳤다. 장군은 50m쯤 지나 부하에게 장군의 집에서 물 한 사발을 떠오게 했다. 장군은 물을 마시고 나서 "집의 물맛이 예전 그대로구나!"라고 하며 전쟁터로 향했다. 이를 본 부하들이 "장군도 이럴진대 우리가 어찌 가족을 못 본다고 서러워하겠는가!"라며 더욱 분발하여 백제군을 물리쳤다고 한다.

보통 사람 같으면 "내 의지로 온 게 아니고 말이 데려다 주었으니, 이왕 여기까지 왔으니 관천의 얼굴이라도 보고 가자!"라고 했을 수도 있다. 또 "마침 지나가는 길에 가족이 나와 기다리니 안 만날 수 없구나!"라며 말에서 내려 안부를 물을 수도 있었을 것이다. 그러나 김유신 장군은 자신의 마음을 억제하는 극기로 부하들을 감동시켜 세상도 이길 수 있었다.

극기라고 하면 헬렌 켈러 여사를 빼놓을 수 없다. 여사는 태어난 지 19개월 만에 병으로 인해 볼 수도 없고, 들을 수도 없고, 말할 수도 없는 맹농아 3중의 가혹한 장애를 지니게 되었다. 하지만 헬렌은 앤 설리번 선생의 도움으로 라이트-휴메이슨 구화학교를 나와 점자를 읽고 쓸 수 있게 되었고, 케임브리지 학교를 거쳐 하버드 대학교와 병합된 래드클리프 대학을 우등으로 졸업했다. 이후 헬렌은 기적을 일으킨 장애아, 저술가, 강사, 영화배우, 진보적인 운동가 등으로 활발히 활동했으며, 특히 전 세계의 시각·청각 장애인들을 위해 헌신했다. 헬렌 여사는 절망하지 않고 비참한 운명에 도전하여 수많은 고난과 역경을 이겨냄으로써 사람이 얼마나 위대해질 수 있는지를 보여 주었다. 극기로 세상을 이긴 것이다.

특전사 블랙베레는 세상을 이기는 자다

흔히 특전사를 '강한 사나이들'이라 한다. 또 '누구도 당할 자가 없다'고 한다. 왜 그런 말이 나왔을까? 그들이 강한 훈련으로 단련되었기 때문이다. 훈련이 강하다는 것은 인간의 한계를 뛰어넘는 극한 상황을 극복한다는 의미다. 즉 자신의 한계를 극복하고 자신과의 싸움에서 이긴다는 것이다. 따라서 자신을 이기므로 가장 강한 자이고, 가장 강한 자이므로 누구도 능히 그들을 이길 수 없다. 따라서 그들은 세상을 이길 수 있다.

여러분은 이런 경험을 해보았을 것이다. 1,000 고지의 산을 오르고 나면 1,000 고지쯤이야 만만하게 본다. 자신이 1,000 고지 한계를 극복했기 때문이다. 다음에는 1,000 고지 이상에 도전할 것이다. 마찬가지다. 블랙베레들은 훈련의 강도를 높여 가며 한계를 극복하고 극기력을 키운다. 그래서 강하게 된다. 그들이 어떻게 극기력을 키우는지 다음에서 살펴볼 것이다.

2. 블랙베레에게는 극기가 생명이다

"나는 불굴의 검은 베레, 어떠한 역경도 극복한다!" 특전부대 신조 중 하나다. 그들이 극기를 생활신조의 하나로 삼는 것은 이유가 있다. 그들의 목표는 100% 임무 달성이다. 그것도 누구의 도움도 받을 수 없는 적 지역에서. 그러기에 그들은 육체적·정신적·환경적 한계를 극복해야만 임무를 완수할 수 있다. 한마디로 임무를 완수하고 살아남기 위해 극기는 필수다. 그래서 그들은 평소에 한계를 뛰어넘는 극기 훈련을 한다. 어떤 경우에는 상상을 초월한 극한(極限)도 극복해야 한다. 실전에서는 그 한계를 극복하지 못하면 살아남지 못하기 때문이다. 극기가 곧 생명인 셈이다.

블랙베레에게 극기는 생사의 갈림길이다

육체적·정신적 한계를 뛰어넘는 극기 훈련은 뭐니 뭐니 해도 일명

'천리행군'이라고 하는 도피 및 탈출 훈련이다. 적 지역으로 침투한 특전요원들은 임무를 완수하고 아군 지역으로 살아 돌아와야 한다. 이것이 도피 및 탈출이다. 이는 걸어 나오거나 배나 비행기를 타고 나와야 하는데, 배나 비행기를 이용한 탈출은 아군이 제해권이나 제공권을 장악하지 못하면 사실상 곤란하다. 적의 공격을 피해 바다나 공중으로 들어가서 특전요원들을 픽업(pick up)해 나오기 어렵기 때문이다. 그래서 특전요원들은 위험을 무릅쓰고 걸어서 빠져나올 수밖에 없다. 이를 내비해 400km 이상 행군훈련을 한다. 이것이 천리행군이다.(지금은 해병대는 물론 육군 수색대대도 벤치마킹해 하고 있으니 더는 특전사의 전유물은 아니다.)

이 훈련의 목적은 적 지역에서 적의 위협을 회피해 가면서 생환하는 기술을 터득하는 동시에 극기와 체력을 기르는 것이다. 적 지역이라고 가정하고 적에게 노출되지 않으려면 험한 길을 택해 걸어야 한다. 그렇기 때문에 육체적·정신적 한계를 뛰어넘는 극기가 필요하다. 이 극기는 생사의 갈림길이 될 수 있다.

천리행군은 극기 훈련의 극치다

천리행군은 극기 훈련의 백미(白眉)다. 필자는 특전사 시절 열 번의 천리행군을 경험했다. 그러니 천리행군의 고통을 웬만큼 겪어 이골이 났다. 그럼 그 속으로 들어가 보자.

특전사 출신이라면 천리행군을 잊지 못한다. 무용담도 많아 보따리를 풀면 끝이 없다. 그만큼 고통스러웠기 때문이다. 문재인 대표도 예외는 아닌 것 같다. 그는 저서 『문재인의 운명』에서 "특전사 훈련 중 하이라이트가 천리행군이다. 400km 이상을 행군하는 훈련이다. 지리산이나 문경새재 같은 곳에서 한 달가량 야영훈련을 한 후 7일 동안 야간을 이용해 400km 이상 산길로 부대까지 걸어서 돌아오는 강행군이다. 천막과 침낭, 식량 등이 잔뜩 들어 있는 무거운 배낭을 메고 매일 야간에 40~50km씩 산길을 걷는 매우 힘든 과정이었다. 다들 공수부대에서 가장 고된 훈련이라고 한다."라고 회고했다.

필자의 경험에 비추어 보아도 힘들었던 건 사실이다. 발바닥 물집과 다리 통증, 천근 같은 군장 무게, 새벽이면 쏟아지는 졸음은 정말 참기 어려운 고통이었다. 그러나 아무리 힘들고 어려워도 목적지까지는 죽으나 사나 가야 한다. 그래야 살아남는다.

제일 고통스러운 것은 발바닥에 생기는 물집이다. 예방을 위해 다양한 방법을 동원한다. 깔창 깔기, 양말에 비누칠하기, 군화 속에 솔잎 깔기, 양말 두 겹 신기, 양말 속에 여성용 스타킹 신기, 발바닥에 반창

비가 오나 눈이 오나 자신의 한계를 극복하고 걸어야 한다. 생존을 위해!

고나 파스 붙이기, 군화 잘라내기 등 기발한 아이디어가 동원된다. 이 방법들은 사람에 따라 효과도 본다. 그러나 발바닥이 약한 사람은 소용없다.

물집이 생기면 고통이 심하다. 발을 후벼 파는 것보다 더 고통스럽다. 발이 땅에 닿을 때마다 살을 찢는 통증이 온다. 물집이 한두 군데도 아니다. 미칠 지경이다. 휴식 시간이면 비늘과 실을 꺼내 응급처치로 물집의 물을 빼고 실을 꿰어놓는다. 만약 물을 빼지 않고 계속 걸으면 물집이 커질 뿐 아니라 고통도 심하기 때문이다. 나중에는 양말에 엉겨 붙어 떼어내면 표피도 함께 떨어져 속살이 벌겋게 드러난다.

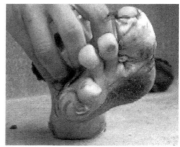

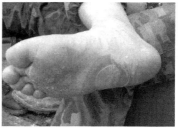

심하면 발바닥 전체가 물집이 되어 속살과 표피 사이에 물이 찬다. 생각만 해도 소름 끼친다. 이렇게 되면 발을 딛기가 두렵다. 그래서 발이 땅에 닿는 시간을 최대한 줄여야 통증이 덜하기 때

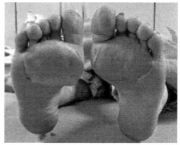

발바닥에 물집이 생기고 물러 터져서 속살이 드러났다.

문에 사뿐사뿐 뛸 수밖에 없다. 천리를 뛴다고 생각해 보라. 물집의 통증도 참기 어려운데 뛰기까지 하니 더욱 고통이다. 인간이 어디까지 참을 수 있는지를 시험하기 충분하다.

그래서 견디다 못해 진통제의 힘을 빌리기도 한다. 그러나 진통제를 먹기 시작하면 결국 고통은 더 커진다. 진통 효과가 사라지면 그 고통은 몇 배 더 심하기 때문이다. 그러니 또 진통제를 먹는다. 갈수록 진통제 양도 점점 더 늘어난다. 마치 마약 중독과 같은 현상이 일어난다. 나중엔 위장병까지 생긴다. 그 고통을 상상할 수 있겠는가? 경험해 보지 않은 사람은 그 심정을 모른다.

그렇다면 왜 그렇게 고통스러운 짓을 하는가? 무모한 짓 아닌가? 이런 의문을 가질 것이다. 그 답은 이미 앞에서 말했다. 죽지 않기 위해서다. 살아 돌아와야 하기 때문이다. 적 지역이라면 이보다 몇 배 더 악조건일 수도 있다. 그러므로 1,000 고지를 오르고 다시 더 높은 곳을 오르듯이 고통을 이겨내는 극기력도 점점 더 길러야 한다. 필자는 웬만한 고통은 고통으로 여기지 않는다. 그만큼 극기력이 생겼기 때문이다. 그게 인생을 살아가는 데 큰 자산이 되어 주었다.

천리행군의 고통 속에는 에피소드도 많다

힘든 천리행군을 하다 보면 에피소드도 많다. 혹시 여러분도 특전사 출신이 한 잔 걸치고 끝없이 쏟아 내는 무용담을 들어 본 적이 있는가? 다 하려면 책 한 권으로도 모자란다. 두 가지만 소개한다.

우선 '빽도'부터 이야기하자. 무슨 뜻인가? 윷놀이에서 말하는 빽도다. 천리행군을 할 때 왔던 길을 되돌아간다는 것을 비유해 일명 '빽도'라 한다. 천리행군 중에 빽도를 간혹 한다. 지도를 잘못 보아 방향을 제대로 잡지 못하고 행군 코스를 벗어나 엉뚱한 곳으로 갈 때 일어난다. 정말 황당하고 모두 열 받는다. 고생도 찍싸게 한다. 심할 경우 이런 일도 있다. 초저녁에 출발해서 밤새도록 걸었는데 새벽 동틀 때 보면 제자리에 와 있다. 밤새도록 산 하나를 뱅글뱅글 돌다가 결국 출발 지점으로 온 것이다. 무슨 그런 일이 있냐고? 이해가 안 될지 모르지만 그런 경우가 생긴다.

왜 그럴까? 칠흑 같은 그믐밤이나 안개로 지척을 분간할 수 없을 때 산속에 들어가면 방향 잡기가 어렵다. 그런데 지도 보는 실력이 떨어지거나 너무 과신해서 밀고 나가다 보면 엉뚱한 곳으로 가거나 제자리로 돌아온다. 이럴 경우 체력도 소진된 데다가 사기마저 떨어져 최악의 상태가 된다. 지칠 대로 지쳐서 행군 속도는 1/3로 떨어진다. 그렇게 초죽음 상태가 되어 목적지에 도착하면 제대로 쉬지도 못한 상태에서 다시 출발하게 된다. 그래서 천리행군할 때 선두에서 방향을 잡는 리더가 중요하고 책임감이 크다는 것을 안다. 그리고 이럴 때일수록 팀장의 리더십과 팀원들의 전우애의 소중함을 느낀다. 이게 값비싼 교훈이다.

다음은 졸음에 대한 에피소드다. 새벽 두세 시가 되면 졸음이 밀려온다. 걸을 때 졸리면 정말 미칠 지경이다. 그래도 깜박깜박 졸면서 잘도 간다. 어떤 때는 한참 동안 자면서 걷기도 한다. 고참들은 험한 산길을 졸면서 걸어도 낭떠러지에 떨어지지 않는다(신참은 떨어져 중상을 입는 경우도 있다.). 참 신기하다. 그래서 고참 발에는 눈이 달렸다고 한다.

가다가 "10분간 휴식!" 하면 그냥 풀썩 주저앉아 잠에 빠진다. 이때 제일 마지막 사람이 뒤로 돌아앉아 버리면 문제가 생긴다. 자다가 "출발!" 하면 비몽사몽간에 방향 확인도 않은 채 일어나 걷는다. 그러면 마지막 사람은 혼자서 걸어온 길을 되돌아가 버린다. 한참을 가다가 마지막 사람이 따라오지 않는 것을 알면 때는 이미 늦다. 본대와 반대 방향으로 가 버렸으니 금방 찾을 수도 없다. 이럴 경우 두세 시간이 지체된다. 맨 정신으로는 이해가 안 된다. 그러나 극한 상황을 만나면 예상 밖의 일도 벌어진다. 이렇게 졸음은 참기 힘들다.

이렇게 천리행군이 끝나면 몸과 마음이 강건해진다. 자신감도 넘친다. 무엇보다 눈빛이 달라진다. 눈에서 독사처럼 빛이 난다. 흔히 독사 눈이 된다고 한다. 이게 무엇을 뜻하는가? 자신의 한계를 뛰어넘고 나면 일어나는 현상이다. 블랙베레는 반드시 이런 훈련을 거쳐야 한다. 이런 시련을 이기지 못하면 적 지역에서 살아나올 수 없기 때문이다. 블랙베레에게는 생사의 갈림길이다.

3. 블랙베레의 극기: 지체장애 무술 지도자

지팡이 없이 걷기 어려운 지체장애 2급인 몸으로 특공무술을 가르치는 체육관 관장이 있다. 과연 그것이 가능한 일이며, 또 그는 누구인가? 바로 특전사 출신 무술지도자 노우주 관장이다. 그의 극기 신화는 『강원도민일보』에 소개된 바 있고, KBS1 TV에서 방영하는 〈강연 100℃〉 프로그램에 출연해 '성공하지 않을 수 없다'라는 강연 주제로 많은 사람들에게 감동을 주었다. 그는 지금도 춘천시 석사동에 있는 '액션 피트니스' 체육관 관장으로서 무술을 지도하며 성공적인 삶을 살고 있다. 그가 어떻게 장애를 극복하고 극기의 인생 드라마를 쓸 수 있었는지 보자.

무술을 좋아 하는 소년, 쿵푸를 시작하다

소년 노우주는 초등학교 6학년 때 이미 키가 179㎝나 되었다. 소년은 성격이 활달하고 운동을 좋아했다. 특히 무술에 관심이 많았다. 중학교 2학년 어느 날 길을 가다 전신주에 붙은 무술 체육관 홍보전단을 보고 멋진 무술 사진에 필이 꽂혔다. "와! 멋지다. 나도 이렇게 되어야지. 바로 이거야!" 이렇게 자신이 마치 무술 고수가 된 것같이 좋아했다. 그리고 무엇에 홀린 듯 무턱대고 체육관을 찾았다. 소년은 쿵푸를 배우자 신바람이 났다. 학교가 끝나자마자 체육관으로 달려가 하루 종일 체육관에서 살았다. 쿵푸를 위해 태어난 아이 같았다.

소년의 무술 실력은 하루가 다르게 발전했다. 고등학교 2학년 때는 전국대회에 나가 메달도 땄다. 그는 이에 그치지 않고 다른 무술도 익혔다. 그의 무술에 대한 애착은 끝이 없었다. 결국 무술의 고수 중에 고수가 되었다. 쿵푸 5단, 특공무술 4단, 킥복싱 4단 그리고 태권도, 유도, 격투기 등을 모두 합쳐 공인 20단의 무술 실력을 갖췄다.

특전사에 자원입대해 스카이다이버(Sky Diver)가 되다

그는 어릴 때부터 특전사에 가서 멋진 군인이 되는 것이 꿈이었다. 그래서 스물한 살 때 꿈을 실현하기 위해 특전사에 도전했다. 그런데 한 가지 문제가 있었다. 눈이 나빠 신체검사 통과 여부가 걱정되었다. 그래서 시력 교정 수술까지 받았다. 그렇게 그는 특전사 부사관 후보생에 당당히 합격했다. 소원을 풀었다. 그때 기분은 얼마나 기뻤던지 날아 갈 것 같았다고 했다.

마침내 1995년 8월 25일 특전사에 입대했다. 후보생 훈련은 힘들었지만 오히려 그것을 즐겼다. 체질에 딱 맞았다. 어쩌면 그가 원하던 것인지도 모른다. 공수 훈련도 받고 특수전 훈련도 받았다. 그리고 1996년 2월 16일 하사로 임관했다. 이날이 지금까지 살아오면서 최고로 행복한 순간 이었다고 했다. 임관 후 배치된 부대는 5공수여단이었다. 그에게는 부대생활 하루하루가 너무도 즐겁고 행복했다. 그러다 보니 아무리 어렵고 힘든 훈련도 적극적으로 임하게 되었고, 즐겁게 할 수 있었다. 그래서 가장 위험하다는 고공침투 훈련에도 도전했다. 비행기로 3만 피트까지 올라가 창공에 몸을 날려 시속 300km 속도로 떨어지다가 스스로 낙하산을 펼치는 고난도 훈련이다. 일반인들은 스카이다이빙(Sky Diving)이라 한다. 6주간의 교육을 무사히 마치고 고공침투 요원이 되었다. 그리고 얼마 후 특전사 중에서도 최고 정예 부대인 707특수임무대대에 고공강하 전담요원으로 차출되었다. 그가 꼭 근무하고 싶었던 부대였다.

불의의 강하 사고로 전신마비 판정을 받다

군 생활은 순탄했다. 중사로 진급하고 장기복무자로 선발되었다. 자신의 포부대로 훌륭한 직업군인의 길을 가고 있었다. 모든 것이 만족스러웠다. 강하 실력도 날로 향상되어 시범 전담팀 내에서도 가장 난이도가 높은 낙하산 8계단 쌓기(낙하산을 계단처럼 층층이 쌓는 고난도 묘기) 시범 조에 들어가 마음껏 기량을 발휘했다.

그런데 2002년 6월 26일 김대중 대통령이 특전사를 방문했을 때 고공강하 시범 행사가 있었다. 그날은 날씨도 화창하고 기분도 좋아 강하하기에는 최상의 컨디션이었다. 대원들 모두 활기차게 파이팅을 외치며 CH-47 치누크(Chinook) 헬기에 몸을 실었다. 비행기가 이륙하여 고도를 높이며 남한산성 상공을 선회했다. 고도계는 6,000피트를 가리키고 있었다. 강하자들은 강하 준비를 마치고 스탠바이(stand-by)했다.

드디어 강하조장의 신호가 떨어졌다. "Go! Go!" 그는 대원 8명 중 두 번째로 공중에 몸을 날렸다. 잠시 후 낙하산을 펴고 낙하산 8계단 쌓기를 시도했다. 그런데 세 번째로 강하한 선배와 낙하산을 서로 붙이려다가 심하게 충돌하고 말았다. 순간적으로 정신을 잃었고, 몇 초 뒤 정신이 돌아왔다. 정신을 차려 보니 주 낙하산이 반쯤 찌그러진 상태로 추락하고 있었다. 순간 '아차! 큰일 났다. 예비낙하산을 펴야 해!'라는 생각이 뇌리를 스쳤다. 예비낙하산을 펴려고 했다. 그런데 이게 어찌된 일인가? 팔이 움직여지지 않았다. 아무리 애를 쓰도 소용없었다. 부딪치면서 팔이 부러져 버린 것이다. '아- 이제 죽었구나!'라는 생각밖에 나질 않았다. 잠시 후 안타깝게도 땅에 추락해 중상을 입었으나 추락 직전 낙하산이 펴지면서 구사일생으로 목숨만은 건졌다.

좌: 노우주 씨의 낙하 전 모습. 우: 평소 시범을 보이던 낙하산 8계단 쌓기 묘기

즉시 국군 수도병원으로 긴급 후송되어 7시간에 걸친 대 수술을 받았다. 그러나 결과는 참담했다. 목 아래는 전혀 움직일 수 없는 전신마비였다. 그래도 그는 포기하지 않았다. 이때 특전사 정신과 무도정신이 한몫했다. 그는 결단했다. '내가 이렇게 무너질 수는 없다. 일어나 보자! 영화 속의 주인공이 되어 보자!' 이렇게 마음먹고 재활훈련에 매진했다. 그의 재활훈련의 열정은 담당 의사도 놀랄 정도였다. 그 결과 1년여 만에 기적과 같이 지팡이를 짚고 걸을 수 있게 되었다. 이제 더는 병원 치료가 필요 없게 되자 2003년 8월 30일 퇴원과 동시에 예비역 중사로 전역했다.

장애의 한계를 극복하고 다시 일어서다

전역한 그에게 사회는 전혀 딴 세상이었다. 특히 장애가 있는 그를 대하는 사람들의 시선에 당황하지 않을 수 없었다. 한번은 식당에 갔더니, 식당 아주머니가 인사는커녕 구걸하러 온 줄 알고 아래위를 훑어보더니 "왜 왔어요?"라고 했다. 그래서 '사람들이 나를 이런 식으로 보는구나!' 하는 것을 느끼면서 의기소침해지고 삶의 의욕을 잃게 되었다. 하지만 그는 '이렇게 있을 수는 없다. 뭐라도 해야 한다.'며 여러 곳에 이력서를 냈다. 그러나 장애인이라는 이유로 한결같이 냉담했다. 그러다 보니 '아, 나는 사회에 전혀 쓸모없는 사람이구나!' 하는 생각으로 하루하루를 힘들게 보냈다. 결국 우울증과 대인기피증까지 심해져 집 안에만 틀어박혀 있었다.

그러던 중 선배 관장의 부탁을 받고 특공무술 승급심사위원으로 참석하게 되면서 꿈을 다시 찾게 되었다. 그는 이렇게 다짐했다. '비록 몸이 성치 않지만 무술 관장이 되어 보자!' 그렇게 2006년 10월 1일 조그마한 체육관을 열었다.

그는 체육관만 열면 수련생이 찾아오고 열심히 가르치기만 하면 될 줄 알았다. 그러나 현실은 달랐다. 사람들이 지팡이를 짚고 나타난 관장을 보자 뒤도 돌아보지 않고 나가 버렸고, 심지어 초등학생이 "저는 관장님 같은 장애인에게 배울 게 없는 것 같아요. 환불해 주세요."라고 하는 말을 들었을 때는 가슴이 찢어지는 것 같았다고 한다. 하지만 그는 포기하지 않고 최선을 다해 노력하고 연구했다.

그는 직접 무술 시범을 보일 수 없었기 때문에 동영상을 활용하는 등 혼신을 다해 가르쳤다. 하지만 수련생 유치는 그것만으로는 한계가 있어 홍보의 필요성을 느꼈다. 그래서 현수막과 전단지를 만들어 붙였다. 눈이 오고 비가 쏟아져도 신바람이 나서 붙였다. 얼마나 열심히 했던지 주변 사람들이 "노 관장 그렇게 고생하면서까지 할 필요가 있어?"라고 했다. 하지만 그는 이렇게 말했다. "내가 이렇게 고생하면서 열심히 하는데 내가 성공 안 하면 그게 이상한 게 아닙니까?"라고.

그러자 그의 열정적인 모습을 보고 사람들은 "저 사람에게는 무엇을 배워도 배울 수 있겠구나!"라는 말을 하기 시작했고, 그때부터 수련생들이 몰려들어 한때는 수련생이 220명이 넘었다. 지금은 꽤 크고

근사한 체육관도 가졌다. 이렇게 그는 장애의 한계를 극복하고 자신의 꿈을 실현해 가고 있다.

성공하지 않을 수 없다

그는 〈강연 100℃〉에 출연해 이렇게 말했다. "여러분 간절히 바라는 것이 있으신가요? 그렇다면 노력해 보세요. 내가 정말 이보다 더는 할 수 없고, 더는 생각해낼 게 없다고 할 정도로 노력해 보세요. 그러면 여러분이 원하는 모든 것은 반드시 이루어지리라 믿습니다." 그러면서 "가장 힘들고 지쳤을 때 나를 일으킨 것은 군인 정신과 무술로 익힌 정신 자세였고, 이것을 통해서 앞으로의 삶을 극복해 나갈 수 있다."라고 덧붙였다.

여러분도 희망을 가져라. 또 꿈을 실현하기 위해 열정을 갖고 노력해 보라. 노 관장과 같은 사람도 하는데 사지가 멀쩡한 사람이 못 할 게 없다. 시련이 닥친다고 포기하면 안 된다. 특전사 블랙베레처럼 절대 포기하지 말고 자신의 한계를 뛰어넘어라. 이게 극기요. 자신을 이기고, 또한 세상을 이기는 것이다.

4. 극기로 자신을 뛰어넘어라

극기란 자신을 이기고 시련을 극복하는 것이다. 우리 인간이 가진 미덕 중에서 가장 아름다운 것이 바로 자신을 이기는 것이 아닐까 싶다. 자신을 이기기 위해서는 어떻게 해야 할까? 자신의 한계를 뛰어넘어야 한다. 한계란 시련을 극복할 수 있는 최고점이다. 물이 끓는 비등점과 같은 것이다. 물은 100℃가 되어야 끓는다. 그 이하에서는 아무리 오래 있어도 끓지 않는다. 마찬가지로 시련도 비등점인 한계를 넘어서야 극복되고, 넘지 못하면 극복하지 못한다.

우리 삶에서 시련은 항상 찾아오게 마련이다. 그러나 이 시련을 극복하지 못한다면 더는 발전하지 못하고 주저앉게 된다. 하지만 아무리 힘들고 어려워도 세상에 나를 이기는 시련은 없다. 신은 우리가 감당할 수 있는 시련만 안겨 주기 때문이다. 즉 뛰어넘지 못할 한계는 없다. 그러나 한계는 긍정적일 때 극복이 가능하지만 부정적일 때는 극복하려는 도전 자체를 포기하기 때문에 뛰어넘지 못한다.

인생의 실패자들을 보면 대부분 자신의 한계를 뛰어넘지 못해 패배한 자들이다. 반대로 성공한 사람들은 모두 자신의 한계를 뛰어넘어 승리한 자들이다. 한계는 자신 스스로 결정한다. 예컨대 앞에서 소개한 노 관장과 같은 시련이 닥쳤을 때 스스로 "전신 마비는 내가 극복할 수 없어."라고 부정적인 한계를 설정해 버리면 뛰어넘지 못한다. 긍정적이면 그 반대다.

자신의 한계를 뛰어넘은 자는 두려움이 없다. 세상에서 가장 용맹한 사람도, 가장 힘센 사람도 그에게는 적수가 되지 못한다. 그는 당당하고 확신에 찬 발걸음으로 앞으로 진군할 수 있다. 어떤 사람도 그를 방해하거나 꺼꾸러뜨리지 못한다. 왜냐하면 세상에서 제일 어려운 자신의 한계를 뛰어넘은 진정한 승리자이기 때문이다.

우리는 여러 사례를 보았다. 헬렌 켈러 여사는 3중의 장애를 극복하였고, 특전사 출신 노우주 씨는 전신 마비를 이기고 일어나 지체장애의 몸으로 무술 지도자가 되었다. 그리고 블랙베레 용사들은 참기 어려운 극기 훈련을 통해 자신을 뛰어넘는 극기력을 키우고 있다. 독자 여러분도 이들의 교훈을 거울삼아 자신의 한계를 뛰어넘어 성공적인 삶을 살아가길 바란다.

마지막으로 시인 베르네느의 「인생의 희망은」이란 시를 읽으며 극기를 생각해 보자.

"언제나 인생은 평화와 행복으로만 살아갈 수는 없다.
괴로움이 필요하다. 그리고 노력이 필요하고, 투쟁이 필요하다.
괴로움을 두려워하지 말고 슬퍼하지도 마라.
참고 견디어 나가는 것이 인생이다.
인생의 희망은 늘 괴로운 언덕길 너머에 기다리고 있다."

실천 매뉴얼 3 ▎극기복례 실천하기 ▎

1. 나를 이겨(克己) 예로 돌아가자(復禮).

남에게 이기려고 덤비는 자는 지는 법이고, 나를 이겨내는 자는 세상에 나가 지지 않는다. 내가 나를 이길수록 남이 나를 존경하고 신임한다. 재주는 잘난 사람을 만들어 주지만 예(禮)는 참된 사람을 만들어 준다. 어느 세상이나 잘난 사람보다 참된 사람을 바란다. 수단과 방법을 가리지 않고 남을 이기고자 하는 사람은 결국 지고야 만다. 아무리 아우성을 지르고 잔꾀를 부려도 극기가 없으면 삶이 어렵고 고달프게 된다. 따라서 이기심과 탐욕을 버려 자신을 이기고 참된 도덕적 삶을 사는 극기복례가 되어야 한다. 극기복례 하려면 다음을 실천해 보자.

- 이기심과 사욕을 버려라. 이기심과 사욕에 사로잡히면 도리에 눈멀게 된다.
- 예가 아니면 보지 말고, 듣지 말고, 말하지 말고, 움직이지 마라.
- 자신의 욕구를 억제하라. 이를 억제하지 못하면 사람의 도리를 벗어나게 된다.

2. 시련에 굴복하지 말고 적극적으로 맞서 싸워 이기자.

극기는 자기 감정을 조절하여 시련을 이겨내는 자기 극복의 기술이다. 시련과 위기를 극복해 성공에 이르는 자기 극복의 기술이 지금 우리에게 절실하게 필요하다. 그 기술이 바로 시련에 굴복하지 말고 적극적으로 맞서 싸우는 것이다. 다음을 실천해 보자.

- 고난 극복에도 실패할 수 있다. 그렇다고 포기하지 마라. 다시 도전하라.
- 시련을 두려워하지 마라. 신은 우리가 감당하지 못할 시련을 주지 않는다.
- 고난이 닥치면 적극적이고 긍정적으로 대처하라. 부정적이면 포기하고 만다.
- 결코, 결코 지지 마라. 포기하지 않는 한, 우리의 심장은 승리의 길을 찾아낸다.

3. 극기 훈련에 참가해 보자.

극기 훈련은 일정한 목표나 기준에 도달할 수 있도록 기본 자세나 동작 따위를 되풀이하는 것으로써, 이를 통해 자기의 감정이나 욕심, 충동 따위를 이성적 의지로 눌러 이기도록 하는 훈련이다. 여기에는 정신적인 것과 육체적인 것이 있다. 극기 훈련에는 체조, 유격 훈련, 레펠 훈련, 갯벌 훈련, 담력 훈련, 산악 훈련, 무인도 해상 훈련, 수상 훈련, 철인 3종, 야간 산행, 행군, 마라톤 등이 있다.

극기 훈련의 목적은 현실에서 내 몸과 마음을 스스로 통제하고 제어할 수 있도록 에너지를 불러일으키게 하는 데 있다. 따라서 이 훈련을 하면 할 수 있다는 의지와 강인한 정신력이 배양되고, 그리고 동료 간의 협동심을 통해 자존감 확립에 큰 도움이 된다.

Lesson 4.

[단 련] 심신단련을
생활화하라

必先苦其心志(필선고기심지)

앞으로 큰일을 할 사람은,
그 큰일을 감당해 나갈 만한 굳은 의지를 갖기 위해
먼저 心身鍛鍊(심신단련)에 필요한 고생을 하게 된다.

-맹자

Lesson
4.
[단련]

1. 심신단련은 자기 쇄신이다

맹자는 "필선고기심지(必先苦基心志)"라고 했다. 즉 하늘은 큰일을 할 사람에게 먼저 심신단련에 필요한 고생을 하게 한다는 뜻이다. 왜 그럴까? 큰일을 감당해 나갈 만한 굳은 의지를 갖기 위해서는 우선 심신단련이 필요하기 때문이다. 심신단련이란 쇠붙이를 불에 달군 후 두드려서 단단하게 하는 것과 같이 몸과 마음을 굳세게 한다는 사전적 의미가 있다. 따라서 심신단련은 자기의 몸과 마음을 굳세게 유지하거나 향상시키는 것이다. 다시 말해 자기 쇄신이다. 스티븐 코비 박사는 저서 『성공하는 사람들의 7가지 습관』에서 심신단련은 톱날을 가는 것, 즉 자기를 쇄신하는 것이라 했다. 그의 말을 들어보자.

심신단련은 톱날을 가는 것과 같다

산에서 열심히 나무를 베고 있는 사람에게 물었다.

"무엇을 하고 계십니까?"

그는 "보면 모르오? 나무를 베려고 톱질을 하고 있소!"

다시 물었다. "매우 지쳐 보이는군요. 얼마나 오랫동안 베었습니까?"

그는 "다섯 시간 이상 했소. 그래서 나는 지쳤소. 무척 힘든 일이오."

그 말을 듣고 이렇게 제안해 보았다.

"잠시 시간을 내어 톱날을 가는 것이 어떻습니까?"

"그러면 나무를 훨씬 더 빨리 벨 수 있을 겁니다."

그러자 그는 "난 톱날을 갈 시간이 없소."

"왜냐하면 나는 톱질하는 데 너무 바쁘기 때문이오."라고 했다.

〈스티븐 코비의 『성공하는 사람들의 7가지 습관』 중에서〉

무딘 톱으로 나무를 베기란 무척 힘이 든다. 그래서 톱날이 무뎌지면 톱날을 갈아야 한다. 그래야 시간과 노력을 낭비하지 않는다. 우리 자신도 마찬가지다. 몸과 마음이 건강하지 못하면 무슨 일을 감당해 내기가 어렵다. 그래서 톱날을 갈듯이 몸과 마음을 단련하여 새롭게 해야 한다. 이것이 자기 쇄신이다.

심신단련은 네 가지 차원의 자기 쇄신이다

스티븐 코비 박사는 심신단련을 네 가지 차원으로 보았다. 신체적·정신적·영적·사회적/감정적 차원의 쇄신이 필요하다고 했다.

첫째, 신체적 차원은 우리 몸을 효과적으로 돌보는 활동으로 영양

섭취, 휴식, 긴장 완화, 규칙적인 운동을 포함한다. 특히 적절한 운동을 통해 체력을 길러 건강을 유지하거나 개선시키는 것은 중요하다. 운동은 지구력과 신축성 그리고 힘을 길러 준다. 지구력은 속보, 달리기, 자전거타기, 수영으로 키울 수 있다. 신축성 강화는 스트레칭을 통해 달성할 수 있다. 힘은 헬스 등 근육발달 운동을 통해 기른다. 문제는 지속성이다. 운동을 꾸준히 해야 근력이 강화되어 지구력과 유연성이 생긴다. 이것이 바로 우리 몸을 쇄신하는 것이다.

하지만 대부분 시간이 없다는 핑계로 운동을 하지 않는다. 이것은 잘못된 생각이다. 하루에 30분의 시간이 없단 말인가? 아무리 바빠도 운동할 시간은 있다. 마음먹고 결단하기 달렸다. 건강을 잃으면 모든 것을 잃는다고 한 말을 명심해야 한다.

둘째, 정신적 차원은 정신력 계발로 독서, 글쓰기, 정신수양 등을 포함한다. 그런데 이러한 것들은 학교 교육을 통해 함양해 왔기 때문에 학교를 떠나면 정신력이 점차 감퇴한다. 즉 정신적인 톱날이 무뎌진다. 그럼에도 대부분의 사람들은 정신계발 노력을 등한시한다. 좋은 책을 읽고 글을 쓰며 정신수양을 하는 것보다 텔레비전을 보거나 게임을 하면서 시간을 보낸다. 하루 한 시간 이상 독서로 정신의 톱날을 날카롭게 해야 한다. 특히 마음을 수양하고 확장시키는 성인 교육은 정신적 쇄신을 위해 필수적이다. 우리 주변에는 성인교육 프로그램이 많다. 강좌를 듣거나 체계적인 훈련 프로그램에 참가해 보라.

셋째, 영적 차원은 우리에게 영감을 주고, 우리 자신을 향상시키는 원천이다. 영적 쇄신은 사람마다 방법이 다르다. 성서를 읽고 묵상하거나, 위대한 문학이나 음악에 심취하거나, 자연과의 대화를 하거나, 정신 수련이나 명상을 하기도 한다. 특히 태권도 같은 무도를 수련하면 육체적·영적 쇄신을 동시에 이룰 수 있다.

넷째, 사회적/감정적 차원은 대인관계를 통해 개발된다. 즉 대인 간의 리더십과 공감적 소통 그리고 생산적 협동에 관한 것이다. 우리는 일상적인 대인관계를 통해 이를 실천할 수 있다. 그렇기 때문에 이것은 반드시 연습이 필요하다. 부단한 노력 없이 대인 간에 원만한 관계를 유지하고 소통하며 협동하기란 쉽지 않다. 사회적/감정적 쇄신을 위해 상대방을 배려하고 남을 위해 봉사해야 한다.

블랙베레의 심신단련은 어떤가

블랙베레에게는 '특전신조'가 있다. 그들은 그 신조를 신봉한다. 그 중 첫째가 "충성 한 가닥에 목숨을 걸고 몸과 마음을 철석같이 닦는다."이다. 즉 심신단련이 첫째라는 것이다. 그들의 심신단련은 목숨을 걸만큼 철저하다. 심신단련 없이는 충성도 불가능하기 때문이다. 그들의 심신단련을 보면, 스티븐 코비 박사가 말하는 4가지 차원의 심신단련을 그대로 적용하고 있음을 알 수 있다.

신체적 차원은 체력단련이다. 특전사는 하루 일과 중 2시간 이상 의무적으로 체력단련을 해야 한다. 체력이 곧 전투력이기 때문이다. 그들은 여러 가지 체력단련 프로그램을 개발하여 활용하고 있다. 최근에는 과학적 체력단련 프로그램을 도입하여 전투력을 업그레이드하고 있다. 훈련 방법은 '서킷 트레이닝'과 '인터벌 트레이닝'을 결합하고, 여기에 10㎞ 구보와 산악 무장구보를 추가한 것이다.

특전사 체력단련의 특징은 개인 차원을 넘어 팀 단위 체력단련을 한다. 적 지역에서 임무를 수행하기 위해서는 팀 전체가 강해야 하기 때문이다. 한 사람이라도 처지면 임무수행이 불가하게 되고, 팀 전체의 생명도 위태롭게 된다.

정신적 차원은 정신무장이다. 군에서는 정신전력을 강조한다. 전투력의 핵심 요소이기 때문이다. 특히 특전사는 고립무원의 적 지역에서 작전하기 때문에 더욱 정신력을 강조하고 있다. 따라서 지휘관 정신훈화와 안보 초빙 강연으로 정신력을 강화하고, 문화 활동도 권장하고 있다.

블랙베레들이 12개 종목으로 구성된 서킷 트레이닝 프로그램을 통해 강인한 체력을 단련하고 있다.

영적 차원은 신앙생활과 명상을 통해 영적 쇄신을 하기도 하지만, 특전사는 주로 무도를 통해 영적 쇄신을 꾀한다. 무술은 체력도 단련시켜 주지만 마음 수양에도 효과적이다. 블랙베레들은 우리 전통 무술인 태권도를 통해 영적 쇄신을 도모한다.

사회적/감정적 차원은 대인관계 측면과 사회적 봉사 측면에서 볼 수 있다. 대인관계는 상하관계 못지않게 전우애도 중시한다. 블랙베레의 전우애는 남다르다. "전우를 사랑하고 국민에게 친절하자."라는 신조까지 있다. 전우애가 없다면 누굴 믿고 사지(死地)로 들어가겠는가? 사회적 봉사도 타의 추종을 불허한다. 여러분은 매스컴을 통해 특전사가 벌이는 재난구조 활동이나 환경정화 활동과 이웃돕기 봉사활동 모습을 많이 보았을 것이다.

이러한 활동들이 스티븐 코비 박사가 말하는 심신단련과 일치한다. 다시 말해 심신의 톱날을 가는 것이다. 이렇게 블랙베레들은 끊임없는 자기 쇄신을 통해 최고의 전투력을 유지한다.

2. 블랙베레, 태권도로 심신을 단련하다

블랙베레의 하루 일과는 태권도로 시작된다. 도복을 입고 2~3km 구보를 한 다음 태권도 수련을 한다. 추우나 더우나, 비가 오나 눈이 오나 변함없다. 지금 생각하면 그때가 정말 행복했던 시절인 것 같다(당시는 싫증도 났지만). 특전사가 아니고서야 어디서 그런 심신단련을 시켜 주겠는가? 그때 수련한 태권도 정신이 필자에겐 아직도 살아 숨 쉬고 있다. 예의, 인내, 극기, 자신감, 백절불굴의 정신이다. 이것이 필자의 인생 여정에서 위기의 순간마다 커다란 버팀목이 되어 주었다.

블랙베레는 모두가 태권도 유단자다

특전사를 대표하는 무술은 태권도다. 따라서 모든 블랙베레는 태권도 유단자다. 승단하지 못하면 블랙베레가 될 수 없다. 누구를 막론하고 전입 6개월 안에 승단을 목표로 훈련한다. 주로 집체교육을 하기 때문에 대부분 목표를 달성하지만, 운동신경이 조금 둔한 사람은 1년도 걸린다. 그러면 그만큼 괴롭다. 다리가 안 올라가면 찢어서라도 만든다. 안 되면 되게 하라는 특전정신과 인내와 극기의 태권도 정신이 작용한다. 이렇게 무조건 초단이 되어야 한다. 그 이상의 승단은 개인의 노력과 의지에 맡긴다. 필자는 2단에서 멈췄다. 지금은 아쉽다.

특전사에 가면 어떻게 모두 유단자가 되는가? 속된 말로 '군에서 까라면 까야' 하기 때문인가? 그렇지 않다. 인내와 극기, 백절불굴의 정신이 유단자로 만든다. 성인이 되어 태권도를 배운다는 것은 쉬운 일이 아니다. 그만큼 유연성이 떨어지기 때문이다. 하지만 걱정할 게 못된다. 필자는 도저히 될 것 같지 않은 사람이 유단자가 되는 과정을 지켜 보았다. 그래서 태권도 정신을 더욱 믿는다.

여러분은 국군의 날 행사 때 멋진 태권도 시범을 보고 감탄했을 것이다. 그 멋진 동작 뒤에는 태권도 정신이 숨어 있다. 예전에는 그 시범을 3공수여단이 도맡아 했다. 필자는 중대장 시절 두 번 시범에 참가한 적이 있는데, 시범 인원은 1,000명이다. 1개 여단에서 그 인원을 채우려면 거의 여단 전 장병이 참가해야 한다. 한마디로 쪽수 채우기가 어렵다. 그때의 기억을 되살려 본다. 시범을 위한 집체훈련은 2개월 전부터 본격적으로 들어간다. 이때는 하루 8시간 오직 태권도만 한다.

연병장에 1,000명이 대열을 갖춰 섰다. 필자도 그중 한 명이었다. 이때 계급이나 신분은 따지지 않는다. 대대별로 키 순에 따라 선다. 그런데 주변에 낯선 병사들이 보였다. 그들에게 물었다. "야, 너희들은 어디 소속이야?" "예, 여단 수송대입니다." "언제 전입 왔어?" "한 달 되었습니다." 내 주변에는 전입온 지 한 달 된 운전병 서너 명이 포진되어 있었다. 태권도는 그야말로 생짜배기였다. 인원수를 채우려니 전입온 지 얼마 되지 않은 운전병까지 동원된 것이다. 순간 필자는 "아! 앞으로 고생께나 하겠구나!" 그리고 "이들이 과연 해낼 수 있을까?" 하는 생각이 머리를 스쳤다. 시범은 혼자만 잘한다고 되는 것이 아니라 1,000명이 한 동작같이 호흡을 맞춰야 한다. 게다가 동작이 절도가 있어야 한다. 유단자가 아니면 불가능하다. 그러기에 못 하는 사람이 있으면 잘하는 사람도 덤으로 고생하게 된다.

그날부터 하루하루 강도를 더해 가며 훈련이 진행되었다. 그들의 동작도 조금씩 나아졌다. 그러나 그들의 고통은 이루 말할 수 없었을 것이다. 동작이 나오지 않는 사람들은 별도로 모아 훈련했다. 휴식 시간도 없다. 과외시간에 특별 훈련도 했다. 한마디로 그들은 눈떠서부터 잠잘 때까지 태권도만 했다. 그들의 고통이 오죽했으랴! 그렇게 한 달이 지나자 전체 속에 들어와 동작을 따라 하는 수준까지 올랐다. 그렇지만 아직까지는 동작에 힘이 들어가지 않았다. 동작을 흉내만 내는 것이었다. 그리고 또 한 달, 이젠 유단자들과 호흡을 맞춰 힘 있고 절도 있는 태권도 품세를 소화해 냈다.

마침내 10월 1일 여의도 광장. 온 국민이 지켜보는 가운데 성공적으로 시범이 끝났다. 박수갈채가 쏟아졌다. 결국 그들도 멋진 시범을 해낸 것이다. 그들은 시범이 끝나자 북받치는 감정을 주체하지 못하고 눈물을 흘렸다. 여러분은 그 기분을 상상할 수 있는가? 또 그들의 소감은 어땠을까? 넌지시 물어보았다. "김 이병, 끝내고 나니 기분이 어때?" "믿기지 않습니다. 내 생애 최고의 날입니다. 평생 잊을 수 없을 겁니다." 이렇게 정말 거짓말 같은 기적이 일어난 것이었다.

무엇이 이들을 가능하게 만들었을까? 바로 인내와 극기, 백절불굴의 정신이었다. 이것은 태권도 정신이 발휘된 심신단련의 결과였

블랙베레들이 국군의 날 행사 때 태권도 시범을 펼치고 있다.

다. 지금 여러분도 가능하다. 그러나 여러분에게 태권도 선수가 되라는 것이 아니다. 태권도 정신을 본받아 무뎌진 톱날을 갈아 보라는 것이다. 요즘 젊은이들 중에는 심신단련을 위해 체육관을 찾는 이들이 많다. 태권도, 특공무술, 무에타이, 유도, 검도, 복싱 등 종류도 다양하다. 여러분도 무엇이든 한 가지를 택해 톱날을 갈아 보지 않겠는가?

태권도는 심신단련의 백미다

태권도는 심신단련에 제격이다. 체력을 단련하면서 마음도 수양한다. 바로 태권도 정신 때문이다. 두산백과에는 "태권도란 수련을 통해 심신단련을 꾀하고 강인한 체력과 굳은 의지로 정확한 판단력과 자신감을 길러 강자에게 강하고 약자에게 유(柔)하며, 예절 바른 태도로 자신의 덕을 닦는 행동 철학이다. 태권도 정신은 수련으로 얻어지는 기술의 소산이다."라고 적고 있다. 그리고 태권도 용어정보사전에는 "태권도 정신은 태권도인이 기본적으로 갖춰야 할 덕목이며 최고의 정신적 수준이다."라고 했다. 이를 볼 때 태권도 정신은 덕을 쌓는 행동 철학이며, 최고의 정신적 수준을 이루는 것이므로 심신단련에 백미라 할 수 있다. 그래서 블랙베레는 태권도를 연마하는 것이다.

주월 한국군 사령관이었던 고 채명신 장군의 회고록 『베트남 전쟁과 나』에는 태권도 정신에 대한 에피소드가 나온다.

"월남군 총사령관 비엔 대장의 아들이 태권도를 석 달 동안 열심히 배워 모범생이 되었다고 비엔 대장이 좋아했다. 그 아이의 클래스에 깡패 같은 녀석이 있었는데, 태권도를 배우고 나서 그 녀석하고 시비가 붙었다고 했다. 그전 같으면 아들이 감히 엄두도 못 낼 텐데 맞붙어 옆차기로 그 녀석을 제압했다고 했다. 이 이야기는 내가 비엔 대장 내외분의 초청으로 공관 만찬에 갔을 때 비엔 대장 부인이 아들 자랑을 하기 위해 내게 한 말이다. 나는 부인의 말을 듣고 그 아들을 불러 야단을 쳤다. 태권도는 싸움을 하기 위해서 하는 운동이 아니고 심신단련과 정당방위를 위한 무도라고 알려 주면서, 앞으로는 절대로 싸움을 하지 말라고 했다. 비엔 대장 부인은 미안해서 어쩔 줄 몰라 했다. 나는 정중하게 사과하면서 태권도를 오해하게 될까 봐 부득이 타일렀다고 양해를 구했다."

이 짧은 일화가 태권도 정신을 쉽게 대변하고 있다. 그리고 눈여겨볼 일화가 또 하나 있다.

태권도 정신은 베트콩도 무서워했다

고 채명신 장군에 따르면 맹호사단이 작전을 하면서 베트콩으로부터 노획한 문서 중에 「한국군의 생포」라는 책자가 있었다. 이 책은 북한 김일성에게 보내는 문서 형식으로 작성되어 있었다고 했다. 그 내용은 이렇다.

"한국군은 생포할 수 없다. 베트콩에게 생포하라고 지시했는데도 생포가 안 된다. 왜냐하면 한국군에게 접근할 수 없기 때문이다. 총을 쏘아 죽일 수는 있지만 생포는 안 된다. 또한 한국군은 귀순하지도 않는다. (중략) 한국군은 태권도라는 무술을 익혀 모두 유단자라 한다. 돌도 부수고 내리치면 사람 뼈도 부러뜨린다. 생포는 아예 단념해야 한다."

채 장군은 이렇게 회고했다. "얼마나 베트콩이 한국군과 태권도를 무서워했으면 이런 책자까지 나왔겠는가. 한국군이 7년간 약 32만 명이 참전했지만, 이 세상에서 놀라운 신화를 창조했는데, 그 가운데 하나가 한국군 포로가 없다는 것이다." 이것은 실화다. 모두가 수긍이 가는 사실이다. 여러분도 이쯤하면 태권도 정신의 위력을 실감할 수 있을 것이다.

그러기에 블랙베레들은 태권도로 그들의 신조인 "충성 한 가닥에 목숨을 걸고 몸과 마음을 철석같이 닦는다."를 실천하고 있다. 여러분도 심신단련에 대한 생활신조 하나를 정해 꾸준히 단련해 보는 것이 어떤가?

3. 익스트림 스포츠로 심신을 단련하다

특전사 훈련 중에는 익스트림 스포츠(extreme sports)와 유사한 것이 많다. 스카이다이빙, 스쿠버다이빙, 패러글라이딩, 스키, 암벽등반 등이다. 그래서 특전사 출신들이 익스트림 스포츠를 많이 즐긴다. 익스트림 스포츠가 아직까지는 대중화되지 못했기 때문에 여러분에게는 다소 생소할 수도 있다. 하지만 우리나라에서도 신세대들로부터 뜨거운 호응을 받고 있어 머지않아 누구나 하나쯤은 즐길 때가 오게 될 것이다.

익스트림 스포츠는 극한 스포츠다

익스트림 스포츠는 X게임이라는 약칭으로도 통용되는데, 영어 'extreme'에서 'X'를 딴 것이다. 신체의 부상을 무릅쓰고라도 속도와 스릴을 만끽하며, 심지어 생명의 위험도 감수하면서 갖가지 묘기를 펼치는 레저 스포츠다. 젊은 세대들의 도전정신이 잘 반영되어 있는 운동으로 '위험 스포츠' 또는 '극한 스포츠'라고도 한다.

미국에서는 1993년 스포츠 전문 케이블 채널 ESPN에서 'X게임'이란 타이틀로 공식대회를 개최한 이래, 청소년들 사이에서 폭발적인 인기를 누리며 급속도로 확산되었다. 국내에서는 1999년 11월 서울 올림픽공원에 공식 경기장이 만들어지면서 알려졌다. 지금은 많은 동호 회원들이 활동하고 있으며, 전문적인 팀도 활동하고 있다. 종류는 크게 여름 게임과 겨울 게임으로 나뉘는데 그 종류가 수십 가지가 넘는다. 몇 가지 소개하면 이렇다.

- 여름 게임: 스케이트보드, 인라인스케이팅, 산악자전거(BMX), 자전거묘기(MTB), 암벽등반, 스카이서핑, 도로썰매타기, 맨발 수상스키, 번지점프, 베이스점프, 래프팅, 서바이벌게임, 카약, 캐니어링, 조빙, 패러글라이딩, 철인경기, 카이트윙, 윙슈트, 슬랙라인, 파쿠르 등
- 겨울 게임: 스노보드, 스노크로스, 자유스키, 빙벽등반, 동력눈썰매경주, 웨이크보드, 산악스키 등

특전사 출신, 익스트림 스포츠로 심신을 단련하다

익스트림 스포츠는 자신의 한계를 뛰어넘는 극한에 도전하는 매력적인 스포츠다. 그래서 열정을 불태우고 도전정신을 기르는 것은 물론 심신을 단련하는 데는 이만한 스포츠가 없다. 따라서 국내 익스트림 스포츠 동호회원 중에는 특전사 출신들이 많이 활동하고 있다. 그중에서도 진정한 스포츠인이라 할 수 있는 두 사람을 다음에 소개한다.

익스트림 스포츠의 멀티 플레이어 _ 김성화 씨

김성화 씨는 대한민국 특전사에서 부사관과 장교로, 프랑스 외인부대 공수연대에서 병사로 복무해 병·부사관·장교 신분을 모두 거친 특이한 군 경력을 가지고 있다. 게다가 지금은 경찰특공대 특수요원으로 근무하고 있다. 그야말로 특수부대의 화신이다. 그리고 울트라 철

인으로서 익스트림 스포츠 선수로도 활동하고 있다.

김 씨는 1998년 평소에 동경하던 특전사에 자원입대해 하사로 707 특수임무대대에서 대테러 팀 저격수 임무를 수행했다. 그리고 1년 후 간부사관후보생 시험에 도전해 6:1의 경쟁률을 뚫고 육군 소위로 임관했다. 임관 후 1공수여단에서 부중대장으로 복무하다 2002년 중위로 전역했다. 전역 이유는 프랑스 외인부대에 도전하기 위해서였다.

프랑스 외인부대는 전 세계에서 깡다구께나 있다고 자부하는 젊은 이들이 몰려든다. 야쿠자와 마피아 출신도 지원한다. 그는 한 달 동안 진행되는 정밀 신체검사와 체력, 인성검사를 거쳐 15:1의 경쟁률을 뚫고 합격했다. 그리고 6개월 동안 교육연대에서 혹독한 훈련을 마쳤다. 그가 배치 받은 부대는 외인부대 7개 연대 중에서도 제일 훈련이 혹독한 제2공수연대였고, 연대 내에서도 가장 힘든 산악중대에 배치되었다.

복무하는 동안 해발 4,000m 이상의 알프스 산악지대에서 암벽등반, 산악스키, 산악공수훈련 등 지옥훈련을 경험했다. 그리고 아프리카 가봉과 코트디부아르 내전 지역에 파견되어 실전 경험도 했다. 그렇게 2년간의 외인부대 생활을 끝내고 2004년 8월에 귀국했다.

그는 익스트림 스포츠에도 도전하기 시작했다. 그는 특전사 시절부터 마라톤을 즐겨 32회나 풀코스를 완주했고, 철인 3종 경기도 18회나 완주한 이력을 갖고 있었다. 그리고 한반도 횡단(강릉-강화도) 마라톤에 도전해 312km를 달렸다.

그는 여기에 그치지 않았다. 2005년에는 제1회 '챌린지컵'에 출전했다. 이 대회는 인간의 한계에 도전하는 경기로 1년 동안 4가지 종목, 즉 24시간 달리기, 철인 3종 경기, 100km 카누, 100km 크로스컨트리를 완주하는 것이다. 이 대회에 9명의 선수가 출전했으나 모두 중도에 포기하고 유일하게 혼자만 완주해 최초의 멀티플레이어가 되었다. 경기 결과는 다음과 같다.

- 24시간 달리기: 3월에 24시간 동안 155.3km를 달렸다.
- 철인 3종 경기: 6월에 제주도에서 수영 3.9km, 사이클 180.2km, 마라톤 42.195km를 13시간 17분 20초에 주파했다.
- 100km 카누: 10월에 충남 당진에서 100km 코스를 23시간 54분 7초에 주파했다.
- 100km 크로스컨트리: 12월에 강원도 평창에서 100km 코스를 11시간 9분 36초에 주파했다.

그는 가장 힘들었던 종목은 100km 카누였다고 했다. 꼬박 24시간을 쉬지 않고 노를 저었고, 밥도 노를 저으면서 먹었다고 했다. 어느 정도 극한을 경험했는지 짐작이 된다. 이런 정신력을 기른다면 못 할 것이 있겠는가?

사람들은 이런 도전을 이해하지 못한다. 심지어 미친 짓이라고 한다. 과연 그럴까? 그러나 극한을 한 번 이겨 본 사람은 그 맛을 안다.

그 맛에 중독된다. 이것이 성취감이다. 성취감은 어려운 것을 이룰수록 더욱 고조된다. 그래서 다시 더 심한 극한에 도전하지 않고는 못 배긴다. 이런 도전 에너지가 어디서 생기고, 극한을 이겨내는 힘은 어디서 나오는가? 바로 정신력이다. 인간의 정신력은 단련하는 만큼 강해진다. 그래서 심신단련이 중요한 것이다.

정상을 향한 끝없는 도전자 _ 이지수 씨

이지수 씨는 특전사 중사 출신이다. 그는 2005년 특전사에 자원입대해 특수전 교육단에서 공수교관으로 복무하다 2010년에 전역했다.

특전사 시절 그가 운동에 관심을 갖게 된 것은 스포츠 클라이밍을 접하면서였다. 그때부터 그에게는 운동이 마약과도 같았다. 운동을 하면 할수록 점점 더 극한의 세계로 빠지게 되었다. 퇴근하면 밤 11시까지 헬스, 달리기, 클라이밍을 하고 곧바로 스키장으로 달려가 새벽 4시까지 심야 스노보드를 탔다. 여름엔 새벽 수영을 하며 체력단련에 매진했다. 그리고 체력이 절정에 달한 그는 울트라마라톤이나 철인 3종 경기 같은 익스트림 스포츠 대회에도 잇달아 도전하게 되었다.

전역 후 그는 익스트림 스포츠에 매료되어 마니아가 되었다. 그의 특기는 클라이밍이지만, 그는 종목을 가리지 않고 트라이애슬론, 울트라마라톤, 패러글라이딩, 스카이&스쿠버다이빙, 서바이벌, MTB, 급류카약, 요트, 베이스점프 등 다양한 종목을 즐겼다. 이 모든 것이 언제나 도전을 겁내지 않는 그의 열정 때문에 가능한 것이었다.

그리고 그는 2013년 5월 동력패러글라이딩으로 제주도 성산 일출봉 500m 상공에서 아시아 최초로 베이스점프에 성공했다. '베이스점프(BASE Jump)'는 건물(Building), 안테나(Antennae), 교각(Span), 지구(Earth)의 첫 글자 BASE에 Jump를 합성한 말로, 높은 곳에서 뛰어내려 낙하산을 펴서 착지하는 익스트림 스포츠다. 그런데 이번 베이스점프는 우리나라에서 처음으로 동력패러글라이딩과 베이스점프를 접목한 것이었다.

무엇이 그를 이토록 익스트림 스포츠에 미치게 만든 것인가? 바로 열정과 도전이며, 도전 끝에 얻는 성취감이 그를 극한으로 이끌었기 때문이다. 그렇게 하면 할수록 정신력이 강해지고 체력은 더욱 단단해졌다. 최고의 심신단련이 된 것이다.

익스트림 스포츠는 체력단련은 물론 정신력 강화에 더욱 좋다. 여러분도 한 번 도전해 보고 싶지 않은가? 무섭고, 힘들고, 운동 신경이 없어 못한다고? 아니다. 그런 부정적인 생각은 떨쳐 버려라. 도전하고자 하는 마음만 있으면 된다. 이 씨도 운동신경이 남보다 떨어져 학창 시절 운동경기에서 1등은 한 번도 해보지 못했고, 항상 중간밖에 못했다고 고백했다. 하지만 그는 심신단련을 위해 남보다 몇 배 노력했다고 털어놓았다.

4. 심신단련을 생활화하라

 심신단련은 톱날을 가는 것과 같이 자기를 쇄신하는 것이라 했다. 아무리 바쁘더라도 나무를 자르기 위해서는 톱날을 갈아야 한다. 마찬가지로 사람도 성공적인 삶을 위해서는 심신의 톱날을 갈아야 한다. 이것은 한 번으로 끝나는 것이 아니라 습관처럼 꾸준히 해야 한다. 톱날을 한 번 갈았다고 해서 항상 톱날이 날카로운 상태로 유지되는 것이 아니기 때문이다.

 스티븐 코비 박사는 강연에서 "여러분 중에 운전하느라 바빠서 주유소에 갈 시간이 없었던 분 계세요?"라고 청중에게 물었다. 청중은 웃음보를 터뜨렸다. 너무나 당연한 질문을 했기 때문이다. 그러나 사람들은 너무나 당연한 것을 지나쳐 버린다. 바쁘다는 핑계로 심신의 톱날을 갈지 않고 무뎌질 때까지 방치하는 것이다. 이것이야말로 연료가 바닥나 경고음이 울리는데도 주유소에 가지 않는 것과 무엇이 다르겠는가? 그리고 연료가 떨어지기 전에 주유소에서 연료를 채워야 목적지까지 갈 수 있듯이 우리의 몸과 마음도 마찬가지다.

 『여씨춘추』「진수」에 보면 "호추불두 유수불부(戶樞不蠹 流水不腐)"라는 말이 있다. 수시로 여닫는 문짝의 지도리(돌쩌귀)는 좀이 슬지 않고, 흐르는 물은 썩지 않는다는 말이다. 즉 움직이거나 운동하는 신체는 단련되고 건강해진다는 뜻이다. 심신단련을 잘 표현한 말이다. 어떤가? 이래도 이러저러한 핑계로 운동을 게을리하겠는가? 한 노인의 말을 들어보자.

95세의 진입부란 노인은 그 나이에도 눈과 귀가 밝고 생각이 민첩했다. 사람들은 진 노인에게 장수의 비결이 무엇이냐고 물었다. 진 노인은 "신체를 단련하는 것은 움직임에 있고 마음을 닦는 데는 마음을 고요히 진정시키는 데 있다."라고 답했다. 그리고 "나는 매일 아침 5시에 일어나자마자 목욕을 한 다음 머리끝부터 발끝까지 안마를 40분 정도 한다. 아침을 먹고 나서는 1천보를 걷는다. 28년 동안 하루도 거르지 않고 이와 같이 하였다."라고 했다. 『여씨춘추』에 나오는 이야기다.

사람들은 '생명은 운동에 있다(生命在於運動)'는 원리를 잘 알면서도 실행하지 않는다. 톱날을 갈지 않고, 연료도 채우지 않는 것이다. 성공적인 삶을 살려면 진 노인처럼 매일 한결같이 몸을 움직이고 마음을 고요히 진정시키는 심신단련을 생활화해야 한다. 그것을 잘 실천하는 이들이 블랙베레다. 하루를 시작하면서 태권도로 몸과 마음을 수련한다. 이것을 하루도 빠짐없이 계속해 심신단련이 몸에 뱄다. 습관화된 것이다.

그럼 어떻게 습관을 들일 것인가? 습관을 들이는 데는 여러 가지 방법이 있다. 한 가지 방법을 택해 실천해 보라. 무엇보다 실천이 중요하다. 한 가지 추천하고 싶은 방법은 이렇다. 우선 좋아하고 쉽게 할 수 있는 운동을 택하라. 그리고 운동할 시간도 정하라. 그런 다음 21일 동안 하루도 빠짐없이 정해진 시간에 실행하라. 그러면 습관이 생긴다. 왜 21일인가? 그것은 '21일 법칙' 때문이다. 이 법칙은 어떤 일이 습관이 되기 위해선 21일간의 연습이 필요하다는 것이다. 다시 말해 생각이 대뇌피질에서 뇌간까지 내려가는 데 걸리는 최소한의 시간이 21일이고, 21일 후면 연습한 것들은 곧 습관이 된다. 꼭 한 번 실천해 보라. 운동 습관이 생길 것이다. 끝으로 산책을 통한 심신단련으로 장수한 일화를 소개한다.

『순수 이성 비판』으로 유명한 철학자 칸트는 어린 시절 영양실조 때문에 왜소한 체격에 약골이었다고 한다. 키가 약 150cm에 체중은 50kg 정도였고, 새가슴에다 오른쪽 어깨마저 변형이었다. 이처럼 칸트는 약한 체질이었음에도 80세까지 장수했을 뿐 아니라 역사에 길이 남을 대 철학자가 되었다. 당시 평균수명이 40세가 못 된 것에 비하면 대단한 장수다. 그의 비결은 '산책'이었다. 평생 산책을 하면서 운동과 사유(思惟)를 생활화했던 것이다. 그는 매일 같은 시간에 같은 장소를 산책했기 때문에 시민들은 그를 보고 시계를 맞출 정도였다고 한다. 그런데 그가 산책을 빼먹은 날이 있었다. 바로 루소가 쓴 『에밀』을 읽는 데 몰입하는 바람에 평생의 습관인 산책을 걸렀다는 것이다. 칸트의 정신적 단련을 말해 주는 대목이다. 그러고 보면 칸트는 심신단련을 게을리하지 않았던 것이다.

스티븐 코비는 톱날을 갈듯 심신단련으로 자기 쇄신을 네 가지 차원에서 하라고 역설했다. 즉 신체적, 정신적, 영적, 사회적/감정적 차원의 쇄신을 말한다. 그가 소개하는 실천 방법을 따라 심신단련(자기 쇄신)을 해보자.

1. 신체적 차원의 단련을 위해 자기 생활 스타일에 맞고, 계속해서 즐길 수 있으며, 자신의 건강에 꼭 필요한 운동이 무엇인지 목록을 작성하라. 예컨대 걷기, 조깅, 헬스, 수영 등이다.(나머지 3가지 차원도 마찬가지다.)

2. 목록 중에서 하나를 선택해 다음 한 주 동안 반드시 해야 할 목표를 정하고 실천하라. 예컨대,

   • 신체적 차원: 하루에 30분 이상 걷기

3. 주말에 그 성과를 평가하라.

   만약 목표를 달성하지 못했다면,

   • 이보다 더 중요한 다른 일을 하느라 못 했는가?
   • 아니면 불성실했기 때문에 못 했는가?

4. 마찬가지로 정신적·영적·사회적/감정적 차원에서 자기 쇄신을 위해 해야 할 활동에 대해 목록을 작성하라. 한 주의 목표를 결정하기 위해 각 차원에서 한 가지씩 선택하라.

   예컨대,

   - 정신적 차원: 1주일에 한 권의 위인전기를 읽는다.
   - 영적 차원: 하루에 30분간 명상을 한다.
   - 감정적/사회적 차원: 1주일에 한 번 봉사활동을 한다.

   그 다음에 이를 실천하고 평가하라.

5. 매주 네 가지 차원에 대해 심신을 단련하는 구체적인 활동을 정하여 기록하고, 이를 실천하는 약속을 하라. 그리고 실천한 결과를 평가하라.

Lesson 5.

[끈 기] 인내와 끈기로 승부하라

끈기, 어쨌든 일의 성취를 위해서는
선택의 여지가 없는 필수인 것이다.

끈기, 이것은 천고에 걸쳐 변치 않는 성공의 비결이다.
끈질김만 있으면 바늘로도 우물을 팔 수 있다.

다리를 움직이지 않고는 좁은 도랑도 건널 수 없다.

소원과 목적은 있으되 노력이 따르지 않으면
아무리 환경이 좋아도 소용이 없다.

비록 재주가 뛰어나지 못하더라도
꾸준히 노력하는 사람은 반드시 성공을 거두게 된다.

-알랭(프랑스 철학자)

1. 세상에서 끈기를 대신할 것은 없다

제30대 미국 대통령 캘빈 쿨리지는 끈기의 가치를 이렇게 말했다.

"세상에서 끈기를 대신할 수 있는 것은 아무것도 없다. 재능도 끈기를 대신할 수 없다. 재능이 있는데도 성공하지 못한 사람이 얼마나 많은가? 천재성도 끈기를 대신할 수 없다. 천재성이 쓸모없다는 것은 잘 알려진 사실이다. 교육도 끈기를 대신할 수 없다. 세상에는 고등교육을 받은 낙오자들로 가득하다. 끈기와 결단력만이 무엇이든 가능하게 만든다."

캘빈 쿨리지의 말대로, 끈기가 대체 무엇이기에 아무것도 대신할 수 없는가?

끈기는 '끈질기게 견디어 내는 힘' … 이를 대신할 게 없다

끈기(-氣)의 사전적 의미는 쉽게 단념하지 아니하고 끈질기게 견디어 나가는 기운이다. 그래서 아무리 재능이 많고, 천재성을 타고나고, 고등 교육을 받았더라도 고난이 닥쳤을 때 끈질기게 견디지 못하고 쉽게 포기해 버린다면 성공할 수 없다. 그래서 끈기를 대신할 것이 없다고 했다. 그러므로 동서고금을 막론하고 끈기를 강조하는 명언과 고사성어가 많다.

나폴레옹 황제는 "승리는 가장 끈기 있는 자에게 돌아간다."라고, 영국의 극작가 벤 존슨은 "위대한 사업이 이뤄지는 것은 힘이 아니라 끈기에 의한 것이다."라고, 광견병 백신을 만든 루이 파스퇴르 박사는 "내가 목표를 달성한 비결은 오로지 끈기 있게 견뎠기 때문이다."라고 했다. 이들은 공통적으로 끈기로 승리자가 되고, 위대한 사업을 이루고, 목표를 달성한다고 말한다. 우리도 이 명언들을 가슴에 새기고 끈기로 승리하고, 위대한 사업을 이루고, 목표를 달성해야 한다.

끈기에 관한 고사성어를 보자.

- **마부작침**(磨斧作針): 도끼를 갈아 바늘을 만든다는 뜻으로, 아무리 힘들고 불가능해 보이는 일도 꾸준히 노력하면 이루어 낼 수 있음을 비유함.
- **우공이산**(愚公移山): 어리석은 사람이 산을 옮긴다는 뜻으로, 어떤 일을 끊임없이 노력하면 반드시 이루어짐을 비유함.
- **십벌지목**(十伐之木): 열 번 찍어 넘어가지 않는 나무가 없다는 뜻으로, 어떤 어려운 일이라도 끊임없이 노력하면 기어이 이루어냄을 비유함.
- **수적천석**(水滴穿石): 물방울이 돌을 뚫는다는 뜻으로, 작은 노력이라도

꾸준히 하면 큰 성과를 거둘 수 있음을 비유함.

이러한 고사성어는 우리가 끈기를 기르는 데 큰 교훈이 된다. 마부작침의 고사에서 끈기를 배워 보자.

마부작침 ⋯ 이백을 깨우치게 하다

당나라 시인 이백이 젊은 시절 상의산에서 공부를 하다가 중도에 포기하고 집으로 돌아가고 있었다. 가는 길에 한 노파가 냇가에서 바위에 도끼를 갈고 있는 모습을 보고 이상하게 생각한 이백이 물었다.

"할머니, 지금 무엇을 하고 계신지요?"

"바늘을 만들고 있다네."

노파의 대답을 들은 이백이 하도 어이가 없어 다시 물었다.

"도끼를 갈아 바늘이 만들어지겠습니까?"

그러자 노파가 말했다.

"중도에 그만두지 않으면 언젠가는 이 도끼로 바늘을 만들 수 있다네."

이 말을 들은 이백은 '중도에 그만두지 않으면'이라는 말에 자신의 행동을 뉘우치고, 산으로 다시 올라가 열심히 공부해 당대의 시선(詩仙)이 되었다. 남송 때 축목이 지은 지리서 『당서』「문예전」에 나오는 고사다.

예로부터 한국 사람의 성품은 은근과 끈기가 있다고 했다. 그러나 요즘 우리에게는 이러한 은근과 끈기가 부족하다. 이러한 때 마부작침의 고사에서 이백이 깨달은 것처럼 우리도 교훈으로 삼아야 한다. 학생들은 진득하게 공부에 전념하지 못하고, 젊은이들은 무슨 일을 끈질기게 하질 못한다. 자신을 돌아보고 점검해 보자. 다음에 소개하는 한 젊은이의 일화가 여러분에게 던지는 메시지가 무엇인지 생각해 보라.

젊은이가 주는 메시지 … 악착같은 끈기

한 청년이 신문에서 다음과 같은 광고를 보았다.

'모집: 임시로 회계사를 고용함.'

그는 광고를 보자마자 즉시 서류를 갖추어 신청했다. 그러나 아무런 회답이 없었다. 세 번째까지도 회답이 없자 그는 우체국에 가서 우편함의 수신인이 누구냐고 물었다. 그러나 우체국 직원은 수신인의 이름을 가르쳐 주지 않았다. 우체국장을 찾아가 부탁해도 거절당했다.

고민하던 청년은 한 가지 방법을 생각해 냈다. 새벽에 일어나 곧장 우체국으로 달려갔다. 그러고는 우편함 근처에서 지켜보았다. 얼마 후 한 사람이 나타나 우편물을 꺼내는 것을 보고 청년은 그 사람을 따라갔다. 그가 도착한 곳은 한 증권회사 사무실이었다. 청년은 사장을 만나 자기의 사정을 털어놓았다. "임시 회계사 모집 광고를 보고 신청서를 냈는데도 아무런 응답이 없었습니다. 그래서 우체국을 찾아가서 그 우편함의 수신인을 물어보았지만 거절당했습니다."라고 했다.

그러자 사장이 물었다.

"그런데 당신은 어떻게 내가 그 광고를 낸 사람인지 알게 되었죠?"

젊은이가 말했다.

"저는 여러 시간을 우체국 복도에 서서 우편함을 지켜보았습니다. 몇 시간이 지나서야 한 사람이 들어와서 그 우편함의 우편물을 가져가더군요. 저는 그 사람 뒤를 몰래 따라와 여기까지 온 것입니다."

사장이 말했다.

"젊은이, 자네야말로 내가 찾던 사람일세. 자네를 고용하겠네."

〈조현, 『성공하는 사람들의 7가지 황금법칙』 중에서〉

요즘 젊은이들 중에는 대학을 나오고도 직장을 구하지 못하는 일이 비일비재하다고 한다. 혹시 끈기와 노력이 부족해 그런 것은 아닌지 돌아볼 필요가 있다. 성공과 실패의 유일한 차이는 끈기이며, 어떤 종류의 성공이든 끈기보다 더 필수적인 자질은 없다. 끈기는 거의 모든 것, 심지어 천성까지도 극복할 수 있게 한다는 것을 잊지 말자.

성공학의 대가 브라이언 트레이시의 말을 들어 보라.

"성공한 사람들이 했던 일을 당신도 끈질기게 행한다면, 세상의 그 어떤 것도 당신 역시 성공적인 인물이 되는 것을 막지 못한다." 요즘 젊은이들에게 꼭 필요한 말이다. 여러분은 성공한 사람처럼 되고 싶은가? 그렇다면 그 사람처럼 끈질기게 해보라. 그러면 그 사람 같이 성공할 것이다. 그럼 블랙베레의 끈기를 보자.

블랙베레는 백절불굴의 투지로 끈기를 기른다

특전사 블랙베레는 어떤가? 그들은 '백절불굴(百折不屈)의 투지'를 특전 혼으로 삼고 있다. 굽히지 않는 투지, 즉 굽힐 줄 모르는 끈기가 그들의 생명인 것이다. 끈기 없이는 어떠한 임무도 완수할 수 없기 때문이다.

백절불굴이란 백 번 꺾일지언정 결코 굽히지 않는다는 뜻으로 어떠한 어려움에도 좌절하지 않는 정신을 말한다. 적 지역에서 임무를 수행해야 하는 블랙베레에게 얼마나 많은 어려움이 닥치겠는가? 그런데 만약 그러한 어려움에 좌절해 버린다면 결과는 죽음뿐이다. 그러므로 절대 좌절하지 않는 끈질긴 투지가 필요하다. 따라서 그들에게는 끈기를 대신할 게 없다.

특전사는 강한 훈련을 통해 끈기를 기른다. 그들의 훈련은 침투훈련, 전술·전기훈련, 생존훈련, 퇴출훈련 등이다. 이러한 훈련은 실전을 방불케 하는 악조건에서 이루어진다. 따라서 훈련에는 상당한 끈기가 요구된다. 예컨대 생존훈련을 보자.

알다시피 특전사는 유사시 고립무원의 적 지역에서 특수작전을 수행한다. 그러기에 생존에 필수인 보급이 문제다. 그들은 침투할 때 7일 동안 작전과 생존에 필요한 탄약과 식량을 가지고 간다. 그 이후는 현지에서 스스로 해결해야 한다. 이를 대비해 생존훈련을 한다.

1970년대 필자는 지리산에서 1주일간 생존 훈련을 경험했다. 대대에서 팀별로 지리산 깊은 계곡에 집어넣고 외곽을 봉쇄해 반경 $2km$을 벗어나지 못하게 했다. 그 속에서 1주일간 야생 동식물을 획득해 생존하라는 것이다. 요즘 방송에서 뜨고 있는 '정글의 법칙'의 원조라고 보면 이해가 쉬울 것이다.

들어가기 전에 군장검사를 한다. 라이터나 성냥도 허락되지 않는다. 허락된 것은 기본 군장에 개인당 소금 20g이 전부다. 적 지역이라 가정하고 모든 것이 떨어진 상태에서 1주일간 생존해 보라는 것이다. 실전적인 훈련 아닌가?

이 훈련을 버텨 내는 관건은 은신처 마련과 식량 획득에 있다. 몸을 숨기고 잠을 자는 은신처는 땅굴을 판다. 수시로 수색조를 투입시키기 때문에 노출되지 않기 위해서다. 먹을거리는 주로 뱀, 개구리, 가재 등을 잡아먹고, 버섯, 산나물, 열매 등을 채취해 먹는다. 독버섯과 유독식물 감별법은 부대에서 배우는데, 경험이 많은 고참들은 웬만한 심마니 수준이다.

뱀에 대한 에피소드가 있다. 과거에는 뱀을 날것으로 먹는 사례가 많았다. 그런데 일부에게서 몸에 이상한 돌기가 생기는 이상 증상이 나타났다. 알고 보니 그 돌기 속에서 2~3㎝ 정도의 실처럼 생긴 기생충이 나왔다. 사충(蛇蟲)으로 밝혀졌다. 뱀에 기생하던 것이 생식으로 인해 사람 몸속으로 들어가 기생한 것이다. 그 이후로 당시 1공수여단장이었던 전두환 장군(전 前 대통령)이 뱀 생식을 금지시킨 일화가 있다. 이젠 생식은 하지 않고 익혀서 먹는다.

전문의에 따르면 사충(스파르가눔)이 몸속을 돌아다니다가 뇌로 들어가면 생명을 잃을 수도 있다고 했다. 최근 신문에서 괴거 특전사 출신 60대가 사충이 몸에서 발견되어 국가유공자로 인정받았다는 기사를 보았다.

뱀 껍질 벗기는 모습

생존 훈련은 뭐니 뭐니 해도 끈기가 필수다. 항우 장사라도 먹어야 살기 때문이다. 이 훈련을 금식이나 단식 정도로 생각하면 오해다. 금식과 단식은 가만히 앉아서 하지만, 생존 훈련은 험한 산악에서 잡히지 않으려고 숨어 다니면서, 먹을 것을 획득하는 중노동을 해야 한다. 그래도 3일까지는 그런대로 버틴다. 그러나 4일이 넘어가면 시야가 흐려지

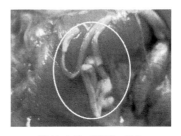

뱀 살 속에 기생하는 사충

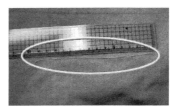

사람 몸에서 나온 사충

고 무기력증이 생기고 두통이 온다. 이때 끈기로 버티지 못하면 실패를 인정하고 하산해야 한다.

한 번 스스로에게 물어보라. 산나물이나 풀뿌리를 캐 먹고 1주일을 버티라고 한다면 가능할까? 물론 매몰사고가 났을 때 가죽을 불려 뜯어먹고, 오줌을 받아먹으면서 살아난 사람도 있는데, 그 정도는 할 수 있다고 할지 모른다. 그렇다. 인내와 끈기만 있다면 못할 게 없다. 그러나 배고픔은 상상 이상의 끈기가 있어야 견딜 수 있다. 끈기를 기르는 방법은 이보다 더 나은 게 없다. 이렇게 블랙베레들은 끈기를 기른다. 무식하다고 욕하지 마라. 그들은 그렇게 해서라도 내성을 키워 적지에서 살아 돌아와야 하니까.

얼마 전 특전사 모 부대에서 포로체험 훈련을 하다가 인명사고가 났다. 거기엔 훈련 진행상의 문제가 있었다. 감독자가 제대로 매뉴얼을 지키지 않았기 때문이다. 사고가 났다고 훈련을 중단하면 안 된다. 그 훈련은 생환 훈련이기 때문에 반드시 해야 한다. 그래야 살아서 돌아올 수 있다.

2. 물면 놓지 않는 끈질긴 '독기이빨' 정신

구호와 상징(심벌)은 사람들을 고무(鼓舞)시킨다. 그래서 기관이나 단체, 회사들도 구호와 상징을 내건다. 이는 구성원들을 분발케 하고 자긍심을 고취시키기 위해서다.

제35특전대대 심벌

사람들은 야생 동물의 야성을 심벌로 삼는 경향이 있다. 특히 특전사는 사자·독수리·호랑이·표범 등 맹수의 기질을 심벌로 삼는다. 맹수는 약육강식의 세계에서 살아남기 위해 본능적으로 야성을 들어내기 때문이다. 블랙베레도 전투에서 맹수처럼 야성을 발휘해야 살아남는다. 그러기에 맹수의 기질을 몸으로 익힌다.

'독기이빨!' 이게 뭔가? 필자가 대대장으로 근무한 7공수여단 35대대의 심벌이다. 야수의 독기어린 이빨을 상징한다. 굶주린 야수가 먹잇감을 포착하면 잡을 때까지 필사적으로 물고 늘어지듯, 적을 한 번 물면 놓지 않는 필살의 특전정신을 의미한다. 야수의 끈질긴 기질을 교훈으로 삼은 것이다. 악바리 근성이다. 그럼 블랙베레의 독기이빨 근성이 어떤지 보자.

독기이빨의 기질이 발휘되다

당시 7공수에서는 부사관 체육대회가 매년 개최됐다. 공수부대는 전통적으로 부사관의 역할이 크다. 그렇기 때문에 부사관의 전투력이 곧 특전사의 전투력이라 한다. 그래서 부사관 체육대회가 더욱 의미를 가진다.

공수부대의 체육대회는 치열하다. 마치 전투를 방불케 한다. 모두 대대의 명예를 걸고 죽기 살기로 덤빈다. 그래서 단결력과 끈기, 승부근성이 없으면 승리를 차지할 수 없다. 여기서 독기이빨의 근성이 그 힘을 발휘했다. 3연패를 한 것이다. 공수부대 체육대회에서 3연패는 대단한 전적(戰績)이다. 누구든 실력은 비슷하다. 단지 누가 더 끈질기게 악바리 정신을 발휘하느냐에 달렸다. 그들은 어떻게 해냈을까?

비결은 끈질긴 노력과 열정이었다. 그 밑바탕에는 독기이빨 정신이 있었다. 그들은 누가 시켜서 억지로 한 것이 아니라 자발적으로 끈질기게 연습했다. 체육대회에서 승리하고 3연패한다고 어떤 보상이 주어지는 것도 아니다. 오직 소속부대의 명예와 사기 그리고 자긍심을 위해 열정을 불살랐다. 그들은 진정한 전투프로였다. 독기이빨 정신으로 뭉친 사나이들이었다.

체육대회 일정이 발표되면 대개 한 달 정도 본격적으로 준비한다. 주로 줄다리기를 비롯한 단체경기를 연습한다. 그렇다고 일과를 전폐하고 체육대회를 준비하는 것은 아니다. 교육훈련은 정상적으로 해야 한다. 그럼 언제 준비한다는 건가? 과외 시간을 활용한다. 스스로 새벽 일찍 출근하고 저녁 늦게 퇴근한다. 심지어 야간에는 자동차 전조등을 밝혀 놓고 밤늦게까지 줄다리기 연습을 한다. 아무나 할 수 있는 끈기와 열정이 아니다. 이런 끈질긴 노력이 승리를 가져다 준 것이다.

KFC(켄터키 후라이드 치킨) 창업자 커넬 샌더스는 "성공의 비결은 아무도 하지 못하는 특별한 일을 하는 것이 아니다. 누구나 할 수 있는 일을 아무나 할 수 없는 열정과 끈기로 하는 것이다."라고 했다. 커넬 샌더스의 말이 그들에게 꼭 들어맞는다. 누구나 할 수 있는 일을 남들이 할 수 없는 열정과 끈기로 해보인 것이다.

드디어 결전의 날이 왔다. 선수들과 응원단이 혼연일체가 되었다. 모두 붉은 글씨로 '독기이빨'이라고 새긴 머리띠를 동였다. 출전에 앞서 전대대원이 모여 출전 결의를 했다. 그중에 빠질 수 없는 것이 독기이빨 대대 구호 제창이다. 구호의 함성과 제스처가 좀 특별했다. 200여 명이 야수가 포효하듯 구호를 외치면 섬뜩하기까지 했다.

선수들은 아낌없이 야성을 발휘했다. 아마추어들의 실력이 차이가 나면 얼마나 나겠는가? 누가 더 악착같이 달라붙느냐에 따라 승패가 갈린다. 독기이빨 선수들은 그 기질을 유감없이 발휘했다. 예컨대 줄다리기에서 얼마나 혼신의 힘을 쏟았던지 경기가 종료된 뒤 선수 50명이 그 자리에 쓰러져 한동안 일어나지 못할 정도였다. 결과는 물론 승리였다. 이 장면을 지켜 본 응원단은 감동과 감격의 눈시울을 적셔야 했다. 어떤가? 이들의 끈기가.

세계적인 성공철학의 거장 나폴레온 힐은 "인내와 끈기와 피나는 노력은 성공을 안겨 주는 무적불패의 조합이다."라고 했다. 그의 말대로 포기하지 않고 끈질기게 노력하면 아무도 막을 수 없고, 반드시 성공한다는 것이다. 그러기에 성공을 위한 최우선 조건은 끈기에 달려 있다. 끈기 있게 꾸준히 노력하는 사람 앞에 당할 사람은 없다. 따라서 끈기를 굴복시키는 힘은 결코 없다.

같은 대학을 졸업해도 누구는 취직에 성공하고 누구는 계속 낙방한다. 같은 직장에 들어가도 누구는 승진가도를 달리고 누구는 만년대리에 머문다. 성공과 실패를 좌우하는 것은 끈기에 달렸다. 그래서 독기이빨 같은 끈기가 필요하다. 어릴 때, 독기이빨 악바리들을 보고 자란 꼬맹이가 나중에 독기이빨의 근성을 본받아 꿈을 이룬 사례가 있다. 그 사연을 한 번 들어 보자.

초등학생 때 보고 느낀 독기이빨 정신이 의대 꿈을 이루게 하다

필자의 아들에 관한 얘기다. 결코 아들 자랑을 하고 싶은 것이 아님을 먼저 밝혀 둔다. 필자가 대대장으로 있을 때 아들은 초등학교 3학년이었다. 부대에서 가까운 관사에 살았기 때문에 휴일에는 자주 부대에 들어와 놀기도 했고, 특히 체육대회 때는 군인 가족들도 참관했기에 꼬맹이도 자연스럽게 체육대회 모습을 보았다. 게다가 해상훈련 때는 훈련장 옆에 군인 가족 휴양소가 있어 1주일 정도 훈련 모습도 보았다. 이렇게 공수부대의 훈련이나 생활 모습을 보면서 어린아이였지만 나름대로 느끼고 영향을 받은 것 같다.(필자는 의식하지 못했지만)

그때 이후로 아들은 필자에게 군의관에 대해 자주 묻곤 했다. 그러더니 중학생 때는 앞으로 특전사 군의관이 되겠다는 포부를 밝혔다. 그래서 의대를 목표로 정하고 공주사대부고로 진학했다. 3년 동안 열심히 했으나 뜻을 이루지 못했다.

결국 아들은 재수를 결심하고, 서울로 올라가 서초 매가스터디 학원에 등록했다. 그렇게 어렵고 힘든 재수생활이 시작되었다. 여러분도 재수생의 고초를 충분히 알 것이다.

재수를 시작한 지 얼마 되지 않아 서울 숙소를 찾았을 때, 아들 책상 위에 놓인 책을 보는 순간 눈을 의심했다. 책표지에 선명한 붉은 글씨로 '독기이빨'이라고 쓰여 있었기 때문이다. 독기이빨! 대대구호가 아닌가. 필자는 까맣게 잊고 있었는데 아들은 잊지 않고 있었다. 아들이 작심을 한 모양이었다. 어릴 때 강하게 느낀 블랙베레의 악바리 정신을 본받고 있는 것이었다.

그렇게 독기이빨의 끈기로 노력한 결과 목표를 달성했다. 의대에 들어가서도 공부가 장난이 아니라는 것은 누구나 아는 사실이다. 또 한번 독기이빨의 근성이 발휘되었으리라 본다. 아마도 아들에게는 독기이빨 정신이 평생토록 영향을 줄 것으로 믿는다. 아들은 지금 인하대병원에서 수련의로 근무하고 있다.

젊은이들이여! 끈기의 습관을 길러라. 끈기는 성공의 필수요소다. 그리고 한 번 길러진 끈기는 평생 여러분을 이끌 것이다. 끈기는 습관이기 때문이다. 마지막으로 나폴레옹의 명언을 기억하기 바란다. "승리는 가장 끈기 있는 자에게 돌아간다."

3. 지옥 같은 '스쿠버 훈련'도 끈기로 이겨내다

특전사에서 가장 힘든 훈련을 꼽으라면 단연 스쿠버(scuba) 훈련이다. UDT(수중파괴대) 훈련에 버금간다. 그래서 아무나 받을 수 있는 훈련이 아니다. 지원자 중에서 체력과 수영 테스트를 거쳐 훈련생을 선발한다. 이 훈련은 해상 침투를 위한 '해상척후조(海上斥候組)'를 길러낸다. 해상척후조(해척조)는 본대와 함께 고무보트를 타고 침투하다가 2~3km 밖에서 수영으로 해안에 먼저 침투한다. 그리고 접안지역을 정탐해 안전지역을 확보하고 본대를 유도한다. 따라서 지옥 같은 혹독한 훈련을 거쳐야 임무수행이 가능하다. 그러기에 스쿠버 나왔다 하면 그 고생을 누구나 인정한다.

지옥훈련으로 끈기를 기른다

필자는 1977년 7공수에서 지대장을 할 때 이 훈련에 지원했다. 여단에서 테스트를 거쳐 11명을 선발했는데, 필자가 팀장으로서 인솔자가 되었다.

특전사에는 '돌아온 유디티', '돌아온 스쿠버'라는 별명이 있다. 무슨 뜻인가? 유디티나 스쿠버 같은 특수훈련을 받다가 중간에 포기하고 부대로 돌아온 사람에게 붙는 딱지다. 이 딱지가 붙으면 이름이 사라질 정도다. 보통 이름 대신 "어이! 돌아온 유디티"라고 한다. 치욕적이다. 그만큼 블랙베레로서 자격이 없다는 의미다. 특전사는 인내와 끈기를 생명같이 여기기 때문이다. 필자는 '돌아온 스쿠버'가 되지 않으리라 굳게 다짐했다.

각 여단의 지원자들이 특수전교육단에 집결해 수영 능력 테스트와 챔버 테스트(Chamber Test)를 받았다. 챔버 테스트는 수압으로 인해 생기는 인체의 압력 불균형을 극복할 수 있는지를 검사한다. 물속에 깊이 들어가면 몸에 센 수압이 가해진다. 그러면 몸속의 압력과 외부 압력(수압) 사이에 불균형이 생긴다. 이때 압력에 예민한 고막에 통증을 느끼고, 심하면 고막이 찢어진다. 이를 이퀄라이징(equalizing)으로 극복하지 못하면 훈련을 받을 수 없다.

훈련은 6주간 인천 월미도에서 했다. 훈련 강도가 장난이 아니었다. UDT 훈련 방식을 그대로 따랐다. 교관들이 전부 UDT 출신이기 때문이다. 게다가 종전에는 해군 유디티 부대에서 위탁교육을 받다가 당시 처음으로 특전사 자체 교육을 시키는 첫 케이스였다. 그러니 얼마나 빡세게 돌렸겠는가? 그때 필자는 솔직히 날이 밝아 오는 게 두려웠다. 시간이 멈춰 버렸으면 했다. 그러나 결국 죽으라는 법은 없었다. 닥치면 하게 되고, 포기만 하지 않으면 이겨낼 수 있었다.

여러분은 이런 경험이 있는가? 너무너무 힘들고 지쳐서 시간이 멈춰 버렸으면 하고 생각해 본 적 말이다. 그렇다면 당신은 복 받은 사람이다. 비록 당시에는 괴로웠겠지만, 그것을 이겨낸 지금은 훨씬 성숙해 있을 테니까. 그러니 만약 이런 어려움이 닥칠 때면 결코 포기하지 마

스쿠버 훈련에서 개펄을 안방처럼 누비는 모습

라. 끈기로 버텨라. 아무리 어렵다 해도 그것이 사람을 죽이진 못한다. 죽지 않으면 버티는 것이다. 고통이 없으면 얻는 것이 없고, 위험이 없으면 수익도 없다. 세상에 공짜 점심은 없다는 것을 잊지 말기 바란다.

오리발 수영 ··· 지옥이 따로 없었다

하루에 오리발 수영을 8마일을 했다. 그런데 필자는 그게 지옥과도 같았다. 왜 그렇지? 이해가 안 갈 것이다. 오히려 오리발 수영이 맨몸 수영보다 더 쉬워야 정상인데 말이다. 하지만 너무너무 힘들고 괴로웠다. 그때는 그 이유를 몰랐다. 아무리 시키는 대로 해보았지만 속도가 나질 않았다. 죽을 지경이었다. 남들은 맨몸 수영을 하다가 오리발을 신으니 훨훨 날 것 같단다. 그러니 더욱 환장할 노릇이었다.

필자는 맨몸 수영을 할 때는 항상 선두에 섰다. 오히려 뒤에 따라오는 사람의 보조를 맞추기 위해 속도를 조절해야 했다. 그러니 여유가 있었다. 그때는 힘들게 따라오는 사람의 심정을 몰랐다. 그런데 이게 어찌된 것인가? 이젠 필자가 꼴찌다. 필자가 따라가지 못하니 전체가 지체된다. 교관들이 죽이려고 덤빈다.

스쿠버 교육을 받을 때 제일 무서운 것이 물속에 강제로 처박는 것이다. 죽지 않을 만큼 물을 먹고 나면 그친다. 바닷물을 실컷 마시고 나면 온몸에 힘이 빠지고 현기증이 난다. 진짜로 대낮에 별이 보인다. 한 번 당하고 나면 교관이 저승사자보다 더 무섭다.

그런 상태에서 계속 오리발 수영을 하다가 체력이 소진되어 물속으로 가라앉기 시작했다. 마침 교관들이 알아차리고 급히 몰려와 물속을 뒤졌다. 교관들은 필자가 수심 5m쯤 가라앉고 있는 것을 발견해 건져냈다. 죽음에서 살아난 것이다. 그래도 포기하지 않았다. '돌아온 스쿠버'가 되지 않기 위해서다. '돌아온 스쿠버'가 되기보다 차라리 죽는 게 나았다.

왜 오리발 수영이 그렇게 힘들었을까? 나중에 안 사실이지만, 문제는 오리발에 있었다. 당시 특전사에는 미제 오리발을 사용했는데, 엄청나게 커서 한국인의 체형에는 맞지 않았다. 특히 필자는 다리가 가늘고 발이 작아 오리발을 신으면 수영은커녕 오리발 자체를 이기기도 벅찼다. 얼마나 컸든지 하나 무게가 1㎏ 정도에 길이는 1m 정도였다.

게다가 발을 끼워 넣는 테두리
는 러닝셔츠 두 장을 찢어서 감
아도 헐거워, 발과 오리발이 따
로 놀았다. 그러니 이걸 신고 물
살을 가를 수 있었겠는가? 처음
에는 앞으로 나가기보다 오히려
물속으로 가라앉았다. 그때는 오
리발이 원래 이렇게 큰 줄로만
알았다. 그래서 오리발이 문제가
아니라 내가 문제라고 생각했던
것이다. 지금 생각하면 한심한
생각이 들어 씁쓸하다. 지금 나
오는 오리발은 얼마나 가볍고 편

훈련 때 신었던 어마어마하게 큰 오리발

한가. 그때 만약 이런 오리발이 있었더라면 나는 오리발 수영도 선두
에 섰으리라!

지옥의 스쿠버 훈련이 끈기를 길러 주었다

교육 과정에는 힘든 훈련이 많았다. 그러나 오리발 수영의 고통을
견디고 나니 별게 아니었다. 그 힘든 지옥주(일주일 동안 잠도 재우지 않는 혹
독한 훈련)도 버틸 수 있었다. 수경 압착으로 눈알이 튀어나와도, 인천

시내 시궁창을 뒹굴어도, 그래서 똥독이 올라 피부가 짓물러도 견딜 수 있었다. 30m 잠영, 맨몸으로 15m까지 잠수하는 스킨다이빙(skin diving), 초속 1.5m 조류 속에서 40m 심해 잠수도 거뜬히 해냈다.

세월호 참사 때 실종자 수색 작업이 어려웠던 것이 빠른 조류와 시계제한 때문이었던 것을 기억할 것이다. 서해도 비슷한 해상 조건으로 위험이 따르는 잠수였다. 이렇게 포기하지 않고 인내와 끈기로 버틴 결과 전 과정을 통과했다. 어렵고 힘들수록 성취의 가치는 더 돋보인다. 그래서 스쿠버 나왔다고 하면 누구나 인정해 주는 것이다. 끈기가 가져다 준 승리이다.

여러분도 어려움을 피하지도 포기하지도 마라. 어려움은 견딜수록

심해 잠수 훈련 모습

끈기의 내공이 쌓인다. 괴테는 "끈기란 갈수록 거침없이 자라는 조용한 힘이다."라고 했다. 그리고 "그 힘이야말로 목표를 성취케 하는 힘이다."라고 강변했다. 여러분은 무슨 일을 하든 쉽게 포기하지 마라. 포기하지 않는 것만으로도 기적이 찾아오는 법이다.

4. 인내와 끈기로 승부하라

"늑대는 살기 위해 사슴을 좇고, 사람은 살기 위해 성공을 좇는다. 그러나 늑대는 포기하지 않고 끈기 있게 사슴을 잡고, 사람은 끈기 한 가지가 없어서 거의 모든 면에서 성공을 놓친다." 북극의 한 젊은이가 회색 늑대의 사슴 사냥 모습을 지켜보면서 깨달은 '끈기'에 대한 말이다.(우제용, 『끈기』 중에서)

의미심장한 말 아닌가? 그만큼 사람에게는 끈기가 부족하다는 것을 비유한 말이다. 대부분의 사람들이 실패자가 되는 것은 바로 끈기의 부족에서 비롯된다. 그렇기에 성공을 위해서는 인내와 끈기로 승부해야 한다.

국내 최고의 자기계발 전문가인 공병호 박사의 말을 귀담아들어 보기 바란다.

"여러분이 지금 어디서 어떤 일을 하고 있든지 간에 '성공은 머리가 아니라 엉덩이에 의해 결정된다.'는 말을 꼭 기억하기 바란다. 끈기가 없으면 아무 일도 성사시킬 수 없다. 끈기야말로 성공으로 가는 최고의 열쇠다."

공병호 박사의 말처럼 끈기는 성공의 열쇠이기 때문에 성공의 과정에서 끈기를 갖고 지속하는 것은 매우 중요하다. 좌절하여 포기하고 싶을 때 스스로에게 '끈기를 갖고 다시 한 번 하자!'라고 말해야 한다. 끈기가 곧 승리이다.

인내와 끈기가 성공을 결정한다. 인내와 끈기로 승부하라

소크라테스와 플라톤에 얽힌 감동적인 일화 하나를 소개해 보겠다. 여러분도 이러한 인내와 끈기를 실천해 보라. 위대한 사람은 못 되더라도 반드시 성공한 사람은 될 수 있다.

소크라테스가 개학 첫날 학생들에게 말했다.
"오늘은 첫 시간이니 아주 쉽고 간단한 동작을 한 가지 배워 보겠다. 자, 나를 따라서 팔을 최대한 앞으로 뻗은 다음에 다시 최대한 뒤로 뻗어라."
그는 직접 시범을 보이며 말을 이었다.
"오늘부터 매일 이 동작을 300번씩 반복하는 거다. 모두 잘할 수 있겠지?"
학생들은 "이렇게 간단한 것도 못 할 사람이 있을까?"라며 웃었다.
한 달 뒤 소크라테스가 물었다.

"지금까지 매일 300번씩 꾸준히 한 사람은 손들어 봐라."

90%의 학생들이 자신 있게 손을 들었다.

한 달이 더 지났을 무렵 소크라테스가 다시 같은 질문을 하자 손을 든 학생이 60%로 줄었다.

1년 뒤 소크라테스는 다시 학생들에게 물었다.

"자, 지금까지도 꾸준히 한 사람이 있나?"

이때 한 학생이 가만히 손을 들었다.

그 학생이 바로 훗날 위대한 철학자가 된 플라톤이다.

끈기는 세상에서 가장 쉬운 것이면서도 가장 어려운 것이다. 누구나 끝까지 노력하면 할 수 있기에 쉽다고 할 수 있지만, 끝까지 견디는 사람이 적은 걸 보면 어렵기도 하다. 쉽고 어려운 차이는 평범한 사람과 성공한 사람의 차이이다. 단순하고 쉬운 동작을 나머지 학생은 전부 중간에 포기하였지만, 플라톤은 끝까지 인내와 끈기를 보였다. 그 끈기의 정신이 위대한 플라톤을 만든 것이다.

인내와 끈기를 대체할 성공 조건이 없음을 명심하라. 제29대 미국 부통령 캘빈 쿨리지는 "성공은 재능보다는 끈기에 달려 있다."라고 했다. 끈기는 매일매일 일상에서 실행해야 하는 성공의 위대한 기본 요소다. 끈기가 챔피언과 스타도 만든다. 챔피언은 무수한 실패를 인내와 끈기로 극복한 결실로 탄생한다. 스타도 무대에서 만들어지는 것이 아니라 연습실에서 흘린 땀과 눈물, 인내와 끈기의 결과로 만들어진다.

여러분이 바라는 미래의 성공적인 삶은 현재 여러분이 기울이고 있는 인내와 *끈기*에 비례한다. 성공하는 사람들은 남들이 포기하는 시점에서 *끈기*를 발휘해 성공했다. 여러분은 지금 하고 있는 일에 싫증을 느끼는가? 아니면 힘들어 포기하고 싶은가? 이때가 성공과 실패의 갈림길이다. 절대, 절대로 포기하지 말고, 인내와 *끈기*로 승부하라! 블랙베레의 *끈기*를 본받아 보라!

절대 절대로 포기하지 마라!

실천 매뉴얼 5   ▮ 끈기 기르는 법 실천하기 ▮

1. 다음 질문에 대답해 보면서 자신에게 부족한 점이 있는지 점검해 보자.

- 지금까지 살아오면서 끈기를 발휘해 바라던 바를 성취한 적이 있는가?
- 무언가에 끈기 있게 도전하면 반드시 이룰 수 있다는 논리를 믿는가?
- 내가 원하는 것을 이루기 위해 매일 할 일을 끈기 있게 하고 있는가?
- 난관을 극복하기 보다 오히려 도망하려고 하지는 않는가?
- 내가 하고 있는 일에 대한 충분한 지식을 얻으려고 끈기 있게 공부하는가?
- 내가 하고 있는 일을 개선하기 위해 끈기 있게 연구하는가?

만약 부족한 점이 있다면, 끈기를 키우는 데 필요한 조건을 갖추고, 끈기를 기르는 법을 실천해야 한다.

2. 끈기를 키우는 데 필요한 조건을 갖추자.

끈기란 마음의 상태이다. 따라서 마음을 다스리면 끈기를 키울 수 있다. 그러기 위해 다음의 조건이 필요하다.

- 목적이 명확해야 한다.
- 명확한 목적은 노력을 집중하게 해 끈기를 갖게 한다.
- 열망이 있어야 한다.
- 목표를 추구하려는 열망이 강하면 끈기를 체득하고 발휘하기가 비교적 쉽다.
- 자신을 신뢰해야 한다.
- 자신을 믿으면 끈기를 갖고 계획대로 해 나갈 수 있다.
- 계획이 확실해야 한다.
- 계획이 조직적이라면 끈기를 키우는 데 크게 도움이 된다.
- 정확한 지식을 가져야 한다.
- 하고자 하는 일에 대한 정확한 지식이 있으면 끈기 있게 할 수 있다.
- 의지력이 있어야 한다.
- 목표를 달성하고자 하는 의지가 강하면 끈기를 키우는 데도 도움이 된다.
- 습관을 길러야 한다.
- 끈기는 습관의 직접적인 결과이다.

- 자기 행동을 규제해야 한다.
- 자기 규제 능력이 뛰어날수록 더 큰 난관이나 곤경도 이겨낼 끈기가 생긴다.

3. 끈기를 기르는 법을 실천하자.

자기를 굳게 믿을수록 끈기도 커진다. 끈기의 수준은 자신에 대한 믿음과 성공 능력의 척도다. 아래에 소개한 것을 실천해 보자.

- 정말 더는 할 수 없는지 스스로에게 끊임없이 물어보라.
- 운동을 통해 끈기를 길러라. 운동은 끈기라는 덕목을 기르기에 안성맞춤이다.
- 자신이 원하는 것을 꾸준히 이미지 트레이닝하라.
- 생각의 근력을 길러라. 끈기의 기본은 건전한 심력에 있다.
- 무슨 일이든 꾸준히 하는 습관을 길러라. 끈기는 습관이다.
- 사소한 일에도 최선을 다하라. 최선을 다하지 않으면 끈기 있게 오래 하지 못한다.

Lesson 6.

[최 고] 자기 분야에
최고가 되라

인생에서 재미있는 것 한 가지는
최고만 고집하다 보면
대개 최고를 얻게 된다는 것이다.

-윌리엄 서머싯 몸(소설가)

1. 최고만 살아남는다

  주변의 자연을 가만히 살펴보라. 모든 동식물이 평화롭게 사는 것처럼 보인다. 하지만 그 속에는 자연의 법칙이 존재한다. 적자생존의 경쟁원리가 유지되고 있는 것이다. 그런데 자연은 이 법칙에 순응하고, 진화를 자연스럽게 받아들인다. 그러나 인간은 적자생존의 법칙과 변화를 쉽게 받아들이지 못한다. 왜 그럴까? 경쟁과 변화를 두려워하기 때문이다. 하지만 어쩌겠는가? 인간 사회도 적자생존의 경쟁원리 때문에 시시각각 변화를 요구한다. 변하지 않으면 도태된다. 따라서 최고만 살아남는다. 이런 냉엄한 현실을 자연처럼 받아들여야 하지 않을까? 이런 시대적 환경에 잘 순응하는 이들이 있다. 바로 블랙베레들이다.

최고의 블랙베레가 임무를 완수하고 살아남는다

  블랙베레, 그들의 임무는 적진 깊숙이 들어가 전략적 목표를 타격하거나 첩보를 수집하는 것이다. 그 임무를 완수하려면 세계 최강이 되어야 한다. 전쟁에서도 최고만 살아남기 때문이다. 그래서 그들의 신조는 "나는 최강의 블랙베레, 임무는 반드시 완수한다."이다. 그러므로 그들은 최고가 되기 위해 피나는 훈련을 한다. 블랙베레의 훈련은 '훈련'이 아니라 '실전'이다. 그들이 훈련에서 중요하게 여기는 것은 '자신의 임무를 확실히 알고 있을 것! 항상 긴장할 것! 그리고 살아남을 것!'이다. 이것이 실전에서도 그대로 적용되기 때문이다.

그들의 훈련은 혹독하다. 그들은 다른 사람들이 갈 수 없는 곳과 가기 꺼리는 곳을 가고, 다른 사람들이 할 수 없는 일과 하기 꺼리는 일을 하기 때문이다. 혹독한 훈련은 혹독한 상황에서 살아남는 유일한 비결이다. 그들이 왜 지옥훈련을 하고 그 훈련을 감당해 내는가? 바로 최고가 되어 혹독한 상황에서도 임무를 완수하고 살아남기 위해서다. 이게 그들이 신조를 지키는 길이다.

블랙베레는 신중하게 계획된 훈련으로 최고가 된다

훈련은 곧 실전이다. 그들의 훈련은 '신중하게 계획된 훈련'이다. 이는 흔히 열심히 하면 된다고 말할 때의 훈련이 아니다. 이 훈련은 어렵다. 그리고 고통스럽다. 하지만 분명 더 나은 성과를 얻는 훈련이다.

미국의 유명한 저널리스트 제프 콜빈은 저서 『재능은 어떻게 단련되는가?』에서 신중하게 계획된 연습은 몇 가지 특징을 가지고 있다고 했다. "신중하게 계획된 연습은 성과를 높이기 위해 특별히 설계된 활동으로서 대개 교사의 도움이 필요하다. 또한 수없이 반복할 수 있으며, 결과에 대해서 끊임없이 피드백을 받는다. 스포츠처럼 주로 몸을 많이 쓰는 신체 활동이든 체스나 비즈니스처럼 순전히 머리를 쓰는 활동이든, 이 훈련은 정신적으로 매우 힘든 과정이다. 물론 재미있지도 않다."라고 했다.

블랙베레는 제프 콜빈이 말하는 계획된 연습의 특징을 잘 살려 훈련한다. 주특기 훈련 중 통신 특기를 예를 들어 보자.

첫째는 성과를 높일 목적으로 설계된 훈련을 한다. 주특기 훈련은 사수와 조수가 1:1 맞춤식 교육을 한다. 사수가 교관이 되어 단계별 목표를 세우고, 최고가 될 때까지 가르친다. 마치 코치가 훈련 프로그램에 따라 운동선수를 훈련시키는 것과 같다.

둘째는 수없는 반복이다. 특전팀은 적 지역에 들어가기 때문에 장거리 통신을 위해 모스 부호(Morse Code)를 사용한다. 그래서 훈련 목표는 1분에 알파벳과 숫자 모스부호를 각각 300자 이상 송·수신해야 한다. 그러니 얼마나 많은 반복 연습이 필요하겠는가? 수백수천의 연습도 모자란다. 통신 담당관은 모스 신호기를 24시간 손에서 놓지 않고, 걷고 밥·먹고 잠잘 때도 이어폰을 끼고 녹음한 모스부호를 듣는다. 미치지 않으면 해내기 어렵다. 아무리 어렵고 힘들어도 이런 반복 훈련 과정을 거치지 않으면 실제 교신을 할 수 없다.

셋째는 끊임없이 연습에 대한 피드백을 받는다. 연습을 마치면 매일 평가해 성적을 그래프로 그려 나간다. 목표에 미치지 못하면 과외 교육을 한다. 목표에 도달하면 다음 단계로 넘어가지만 잘 안 되는 부분은 계속해서 집중적으로 훈련한다.

이런 훈련을 통해 최고가 돼야만 적 지역에서 살아남을 수 있다. 만약 적 지역에서 사령부와 교신이 두절되면 팀 전체가 죽은 것과 같다. 사령부에서는 그들의 생사도 알 수 없고, 퇴출 지령도 내릴 수 없다. 그래서 일단은 교신이 되어야 한다. 그렇기 때문에 최고의 전문가가 되지 않으면 살아남을 수 없다.

블랙베레는 팀이 최고가 되어야 살아남는다

특전사 팀이 강한 이유가 무엇인가? 그들은 각자 전문 주특기 분야에서 최고다. 그 최고 전문가들이 모여 팀을 이루기 때문이다. 하지만 팀원 중 누군가가 최고가 되지 않으면 그만큼 팀의 전투력은 떨어진다. 그래서 "팀의 전력은 최고 약골이 좌우한다."라는 말이 있다. 그러므로 블랙베레는 팀원 모두 최고가 되어야 살아남는다. 따라서 각 요원은 자기 주특기에 최고가 되도록 노력을 집중한다. 한 가지 일에 몰두하는 것이다. 그래야 최고가 될 수 있다.

자기계발에 관한 책을 보면 '최고가 되려면 한 가지 일에 몰두하라'는 말을 많이 하고 있다. 대표적으로 인텔의 회장인 앤드루 그로브는 "오직 한 가지 일에 몰두하는 편집광만이 살아남는다."라는 말을 인텔의 기업 이념으로 삼았다. 그는 저서 『편집광만이 살아남는다』에서

"무슨 일이든 최고가 되어야만 살아남을 수 있다. 그러기 위해서는 한 방향을 정하고 온힘을 다해 달려야 한다. 이쪽저쪽에서 헤매다간 이도 저도 안 된다. 오히려 힘만 분산될 뿐이다."라고 했다. 이것을 보면 블랙베레들은 최고가 되는 길을 제대로 가고 있는 것이다.

그리고 요즘에는 블랙베레의 생존전략을 비즈니스 세계에서 따라 배우는 느낌이 든다. '실리우드(Siliwood)'라는 말을 들어 보았는가? 이는 실리콘밸리와 할리우드의 합성어다. 이 말은 여러 전문가들이 합세해 비즈니스 프로젝트를 수행하는 것을 일컫는다. 마치 임무가 주어지면 전문특기가 모인 특전 팀이 임무를 분담해 수행하는 것과 같다.

예를 들면, 가치 있는 비즈니스 프로젝트가 정해지면 많은 전문가들이 모여 매달린다. 애널리스트가 사업타당성을 검토하고, 투자전문가가 자금을 조달하고, 엔지니어가 아이디어를 사업화하고, 마케터가 마케팅 작업을 한다. 이렇게 전문가 집단이 그 프로젝트에 붙어서 각자의 분야를 확실히 추진해 가장 빠른 시간 안에 상품을 만들어 내는 시스템이다. 특전사 팀과 같지 않은가?

여러분도 한 분야에 파고들어 전문가가 되어 보라. 타고난 재능이 없다! 능력이 모자란다! 시간이 없다! 내겐 맞지 않는다! 그렇게 생각하지 마라. 그건 모두 핑계에 불과하다. 최고가 되는 데는 의지력과 배짱, 훈련만 있으면 충분하다. 『최고가 되라』의 저자 에릭 라르센은 "재능은 이 세상에 존재하지 말아야 할 단어다."라고까지 말했다. 자신을 믿어라. 그리고 밀고 나가라. 그러면 최고가 되어 치열한 생존 경쟁에서 살아남을 것이다.

2. 블랙베레는 최고를 추구한다

물은 섭씨 0도가 되면 얼고, 섭씨 100도가 되어야 끓는다. 1도만 부족해도 물은 얼거나 끓지 않는다. 성공 인생도 마찬가지다. 빙점과 비등점까지 가야 한다. 99퍼센트의 노력만으로는 부족하며, 나머지 1퍼센트가 있어야 한다. 블랙베레는 그 마지막 1퍼센트까지 전력투구하여 인간 승리의 드라마를 써낸다.

평균을 지키면 '안정'을 지키는 것이 아니라, 천천히 끓는 물에 튀겨지는 개구리가 되는 것이다. 그래서 혁신은 선택이 아닌 필수다. 이젠 절대 적당히는 없다. 적당한 사람이 착한 사람이고, 성실한 사람이고, 덕이 있는 사람이었던 건 옛말이다. 그들은 이젠 무원칙, 무능력, 무책임의 대명사일 뿐이다. 이젠 자신이 무슨 일을 하든지 그냥 열심히 하는 게 아니라 잘해야 한다. 무슨 일을 하든지 혼을 담아서 제대로 하는 사람만이 끝까지 간다. 차든지, 뜨겁든지 해야 살아남는다. 이것이 21세기의 정글의 법칙이다. 이 정글의 법칙을 깨달아 최고를 추구하는 블랙베레를 소개한다.

고공강하 최고기록 베테랑 女전사 _ 강하 달인 강명숙 준위

블랙베레 강 준위는 '하늘의 꽃'으로 불린다. 지난 30년간 하늘을 차고, 구름을 누벼 왔다. 강 준위는 현역 중에서 최고의 강하 기록 보유자다. 지금까지 총 4,033회를 뛰어내렸다. 강 준위는 "낙하산을 펴야 사는 것처럼 사람의 얼굴에는 웃음이 활짝 피어야 합니다. 그래야 사는 겁니다."라고 최고의 강하 베테랑답게 강하를 인생에 비유한다. 강 준위는 어떻게 고공강하와 인연을 맺게 되었을까?

강 준위는 특전사에 근무하는 동안 고공강하에 관심이 많았다. 관심이 많은 만큼 열정도 남달랐다. 그는 기회만 있으면 강하를 자원했고, 어떠한 위험도 감수했다. 그의 가슴속에는 대한민국에서 최고의 강하 달인이 되겠다는 꿈으로 가득 차 있었다. 결국 그는 고공강하에 인생을 걸었다. 그래서 1987년 고공강하 전문요원이 되기 위해 여군준사관 1기로 임관해 본격적으로 고공강하를 했다. 그는 707특수임무대대에서 고공강하 전담팀인 '블루 엔젤스 (Blue Angels)'의 팀장도 맡았다. 이 팀은 순수 여군만으로 구성된 고

강하를 마치고 낙하산을 회수하는 강 준위

블루 엔젤스팀이 공중에서 상호활동 시범을 보이고 있다.

공강하 전문팀이다. 이렇게 강 준위의 꿈은 현실로 나타나기 시작했다. 그리고 30년여의 세월이 흐른 지금은 대한민국이 아니라 세계가 인정하는 글로벌 달인으로 우뚝 서게 되었다.

강 준위가 최고의 자리에 오르기까지 얼마나 많은 피땀을 흘리고, 심지어 생명이 위태로운 위험한 순간을 맞았겠는가? 고공강하는 생명을 담보로 하는 훈련이다. 아무리 베테랑이라 할지라도 한 순간도 방심할 수 없다. 한 치의 실수나 허점도 용납되지 않는다. 생명과 직결되기 때문이다.

강 준위는 일주일에 3~4일 정도, 하루에 4~5번 많게는 10번의 고공강하를 해야 했다. 그렇게 강하훈련을 하면서 최고가 되어 갔지만 고통도 적지 않았다. 그의 말을 들어보자. "최고가 되려면 즐겨야 합니다. 힘들지 않은 훈련은 없습니다. 위험할 때도 많고요. 하지만 즐기다 보면 이 정도는 다 극복할 수 있어요. 세상에 고통 없이 그냥 되는 것이 없잖아요." 그렇다. 강 준위 말대로 최고가 되기 위해서는 고통이 따른다. 하지만 그 고통을 즐기며 극복해야 한다.

그리고 낙하산이 제때 펴지지 않아 목숨을 잃을 뻔한 아찔한 순간도 많았고, 때때로 불의의 사고로 동료가 목숨을 잃는 아픔도 겪어야 했다. 고공강하 훈련 중 바람이 세게 불어 산속에 착지했을 때는 주민이 간첩으로 신고해 경찰에게 조사를 받은 적도 있었다.

강 준위는 이렇게 털어놓았다. "150번 이상 강하했을 때였어요. 낙하산 포장을 잘못해 기능 고장을 일으키는 바람에 낙하산이 펴지질 않는 거예요. '이제 죽는구나!' 싶었습니다. 정신이 없었지요. 하지만 아무도 날 도와줄 수 없고 내 판단과 정신력으로 극복할 수밖에 없다는 생각이 들었죠. 마음을 가다듬고 배운 대로 조치를 취하다 보니 마침내 낙하산이 펴지더군요. 지금 생각해도 아찔한 순간이었습니다."

강 준위를 보았듯이 최고는 그냥 되는 게 아니다. 뭔가를 이루기 위해 꿈을 꾸고, 그 꿈을 향해 비장한 각오로 노력해야 한다. 노력 없는 성공은 없다. 결코 공짜 점심은 없는 것이다.

고공강하 시범 장면

이렇게 갖은 어려움을 딛고 갈고닦은 강 준위의 고공강하 실력은 국내외 대회에서 빛을 발했다. 1998년 호주에서 열린 국제군인고공강하 경연대회에서 우승했고, 1999년에는 세계군인체육대회에서 상호활동 부문 2위를 차지했으며, 국내에서는 매년 개최되는 특전사령관배 고공강하 대회에서도 여러 차례 1등을 했다. 그리고 1997년 국내 최초로 스카이다이빙 국제심판이 되기도 했다. 게다가 국내 공신력 있는 시민단체 중 하나인 '도전한국인운동본부'에서 시상하는 '도전한국인상'을 수상하는 영예도 안았다.

강 준위는 도전과 열정 그리고 끈기로 최고를 일궈 냈다. 자기 분야에서 최고가 된다는 것은 그냥 이루어지는 것이 아니다. 최고가 되기 위해서는 결단이 필요하다. 인터내셔널 회장이었던 브라이언 트레이시는 "최고가 되겠다는 결심이 최고를 만든다."라고 했다.

지금 당장 최고가 되겠다고 결단하라. 뭘 망설이는가? 최고가 되겠다고 결단하지 않으면 이류에 만족하게 된다. 그러면 자신의 능력과 재능을 100% 활용하지 못한다. 이류와 타협해 대충하고 만다. 최고가 되겠다는 결단을 잠시도 굽히지 마라. 이류와 타협해 자신의 능력과 재능을 낭비하지 않는다면, 여러분은 지금의 능력과 재능만으로 최고가 될 수 있다. 블랙베레가 그렇게 했다. 여러분도 자기 분야에서 최고가 되겠다고 결심하고, 그리고 최고가 되라!

3. 블랙베레! 우리는 최고였다

미 해군 특수부대 유디티/실(UDT/SEAL)에서 병사로부터 시작해 장교, 그리고 지휘관이 된 『UDT의 전설』의 저자 스티븐 존슨은 책을 이렇게 마무리하고 있다. "사람들은 나에게 왜 네이비 실(Navy SEAL) 대원이 되었으며, 왜 아직도 네이비 실에 남아 있느냐고 자주 묻곤 한다. 나의 대답은 분명하다. 재미있어서다. 나는 한 가지 진리를 믿는다. '고되고 힘든 순간들이 역사를 만든다!' 일이 잘 풀려 간다면 그건 우리가 일을 제대로 해 나가고 있다는 얘기다. 그러나 무엇보다 중요한 게 있다. 그 일을 즐겨라!"

이 글이 여러분에게는 어떻게 느껴지는가? 아무 느낌도 없다고? 필자는 이 글을 읽고 가슴이 찡해 오는 것을 느꼈다. '특수부대원의 감정은 모두 같은 것이구나!'라는 말이 가슴으로부터 나왔다. 그의 말대로 우리 특수부대원 아니 블랙베레는 고난과 역경을 즐긴다. 고난과 역경이 역사를 만든다는 것을 믿는다. 그리고 최고가 되어 감격한다. 그들이 어떻게 고난과 역경을 즐기고, 더 나아가 최고가 되는지 살펴보자.

무쇠 같은 수도 단련으로 최고의 팀이 되었다

1960~70년대에는 북한에서 무장공비(무장간첩)를 심심찮게 남파시켰다. 그 대표적인 사례가 1968년 1월 21일 김신조 일당의 청와대 피

습사건(1·21사태)이다. 그 이후도 북한의 만행은 계속되었다. 그때마다 공비를 생포하거나 사살해 보면 그들의 오른손 수도(手刀)가 돌처럼 단단했다. 정보 당국에 의하면 북한 특수부대원은 수도를 단련해 굳은살이 박였기 때문이라고 했다. 그 이후로 특전사에도 수도 단련 훈련이 시작되었다.

블랙베레에게 벽돌 1장을 격파하는 능력을 갖추도록 목표가 정해졌다. 따라서 수도 단련이 의무화되었고, 각종 전투력 측정에도 벽돌 격파가 포함되었다. 블랙베레의 수도를 해머(hammer)로 만드는 프로젝트가 시작된 것이다.

훈련 방법은 간단했다. 시도 때도 없이 수도로 단단한 물체를 때려 굳은살이 붙게 하는 것이었다. 가장 대표적인 방법이 목봉에 새끼를 촘촘히 감아 허리 높이의 받침대에 올려서 수도단련대로 활용했다. 단련할 때는 팀이 한 단련대에 나란히 서서 구령에 맞춰 200번 300번 내리쳤다. 또 다른 방법은 벽돌 크기의 각목에 새끼를 감아 휴대용 단련대를 만들어 늘 가지고 다니면서 시간만 나면 단련했다.

수시로 굳은살이 박인 정도를 검사했기 때문에 게을리할 수도 없었다. 처음 굳은살이 박이기 전에는 손이 부어오르고 몹시 아팠지만, 굳은살이 박이면 나날이 단단해졌다. 나중에는 수도에 주먹만 한 굳은살이 박이고 차돌처럼 단단해져 주먹이 잘 쥐어지지 않았다.

이렇게 수도를 단련하고 격파 연습을 한 결과는 측정 때 나타났다. 격파는 3회를 시도해 벽돌이 2/3 이상 깨지면 성공으로 판정한다. 벽돌 격파는 첫 번째 시도할 때가 중요하다. 첫 번째에 성공하지 못하면 두 번째, 세 번째로 갈수록 성공 확률이 떨어진다. 첫 시도에서 죽을 힘을 다해 벽돌을 내리치기 때문에 벽돌이 깨지지 않으면 손뼈가 부러지는 부상을 당한다. 설령 다치지 않아도 통증이 극심하다. 따라서 두 번째부터는 자신도 모르게 겁을 먹어 힘을 덜 쓰게 된다. 그러니 돌처럼 단단한 벽돌이 깨질 리 없다. 아무튼 첫 번째에 승부를 내야 한다. 벽돌이 깨질 때 느끼는 짜릿함은 세상 무엇과도 바꿀 수 없다. 경험하지 않으면 도저히 이해할 수 없는 쾌감이다.

전투력 측정에서 우리 팀이 벽돌 격파에 뽑혔다. 측정은 12개 팀이 천마체육관에 집합해 마치 경연대회처럼 진행됐다. 체육관에는 여단 병력이 운집해 격파 장면을 지켜보고 있었다. 한 사람 한 사람 격파할 때마다 성공 실패에 따라 환호와 탄성이 엇갈렸다.

우리 팀은 두 번째였다. 벽돌을 횡으로 정렬해 놓고 그 뒤에 한 사람씩 섰다. 벽돌이 얼마나 단단했던지 벽돌끼리 부딪히면 쇳소리가 났다. 제일 오른쪽에 선 팀장(필자)부터 차례로 격파해 나가야 했다. 모든 준비는 끝났다. 격파 자세를 취하자 관중들은 쥐죽은 듯 숨을 죽이고 지켜봤다. 마치 육상선수가 수만 관중이 지켜보는 가운데 출발선에 선 것 같은 분위기였다.

온 정신을 모아 내리칠 부분에 시선을 고정시켰다. 그리고 오른팔을 높이 들었다가 천천히 내리면서 내리칠 부분을 겨냥하는 예비동작을 두 번했다. 그리고 죽을힘을 다해 기합과 함께 내려쳤다. 순간 '퍽' 하는 소리가 들리고 느낌이 좋았다. 환호성이 터졌다. 성공이었다. 팀원들이 필자를 얼싸 안았다.

다음 차례인 정보·작전·폭파담당관도 연속해서 성공했다. 환호성이 끊이지 않았다. 그렇게 우리 팀은 11명 중 9명이 성공했다. 좋은 결과였다. 최종적인 결과는 2개 팀이 9명씩 성공해 공동 1위였다. 팀원 중에 의무담당관이 뼈에 금이 가는 부상을 입었다. 측정은 그렇게 끝났다. 특전사에서는 이런 것을 즐겨야 한다. 즐기지 않으면 최고가 될 수 없다.

특전사에서 최고의 전투수영 팀이 되었다

필자가 3공수여단에서 중대장을 할 때 이야기다. 그때 특전사령부에서 여단을 대상으로 전투력 경연대회가 있었다. 필자는 전투수영 팀장으로 선발되었다. 출전 팀이 편성되자 한 달간 훈련에 돌입했다. 그런데 전투수영을 하는 팀은 특공무술도 해야 했다. 따라서 우리 팀은 푹푹 찌는 8월에 두 가지 종목을 훈련해야 하는 처지가 됐다.

훈련의 강도는 체력이 바닥날 정도로 강했다. 아침 6시부터 밤 10시까지 강행군이었다. 퇴근도 없었다. 아니 퇴근하라고 해도 힘들어서 할 수가 없었다. 오직 훈련하고 잠자는 일상이 한 달간 지속됐다. 피할 수 없다면 즐길 수밖에 없다. 그렇게 하지 않으면 최고가 될 수 없기 때문이다.

우리 팀은 다른 팀에 비해 두 배의 훈련을 감당해 내야 했다. 새벽부터 오전까지는 특공무술을 했고, 오후에는 한강 강나루에서 전투수영을 했다. 전투수영은 체력 소모가 심했다. 전투복에 군화를 신고 전력을 다해 50m 거리를 수십 차례 왕복했기 때문이었다. 그리고 저녁부터 밤늦게까지 다시 특공무술을 했다. 훈련 막바지에는 체력이 소진되었다. 그래도 훈련은 계속되었고, 기력이 떨어지자 식욕마저 떨어져 밥이 모래를 씹는 것 같았다. 죽지 않으려면 억지로 먹어야 했다. 체력이 한계점에 이른 것 같았다.

결전의 날! 전투수영은 오전에 특전사 풀장에서 경기를 했다. 7개 여단 선수들이 모였다. 경기방식은 팀 전체가 50m를 제일 빨리 수영하는 팀이 우승이었다. 우리 팀은 세 번째 순서였다. 팀원이 1번 레인에서부터 12번 레인까지 정렬했다. 그리고 출발 신호가 떨어지자 사력

← 특공무술

전투수영 ↑

을 다해 헤엄쳐 나갔다. 필자가 제일 먼저 결승점에 도달했다. 그런데 이게 어찌된 일인가! 힘이 빠져 풀장 밖으로 나올 수가 없었다. 얼마나 사력을 다했던지 힘이 다 빠져 버린 것이었다. 몇 번 시도 끝에 간신히 올라왔다. 그래도 다행히 팀에서 제일 늦지 않아 팀장의 체면은 살렸다. 만약 꼴찌로 올라와 팀 성적을 까먹었다면 어떻게 되었겠는가? 생각만 해도 아찔하다. 그렇게 주사위는 던져졌다.

우리 팀은 전투수영이 끝나자마자 결과 발표도 뒤로한 채 특공무술 대회장으로 달려갔다. 이제는 특공무술에 전념해야 했다. 특공무술은 100명이 시범을 보이듯이 단전호흡·기본동작·품세·겨루기·낙법·격파 순으로 진행됐다. 특공무술이 끝났을 때 전투수영 결과가 전해졌다. 우승이었다. 팀원들은 감격의 눈물을 쏟고 말았다. 이 눈물의 의미가 무엇이겠는가?

최고는 최고만이 안다. 최고가 되어 본 사람이 최고의 맛을 알고, 어떻게 최고가 되는지를 안다. 그래서 최고의 자리를 내어 주더라도 금방 최고의 자리를 되찾는다. 예컨대 고승덕 변호사를 보자. 고 변호사는 공부의 달인으로 잘 알려져 있다. 그는 중학교까지 전교 1등을 놓치지 않았다. 그런데 전남 광주에서 서울로 올라와 경기고 1학년 때 반에서 60명 중 57등을 했다고 한다. 그때 고 변호사 아버지가 "네가 서울 가더니 바보가 되었구나!"라고 했단다. 그때부터 엉덩이에 땀띠가 나도록 하루 17시간 이상 공부해 그 다음부터는 전교 1등을 독차지했다. 여러분도 한 번만 최고가 되어 보라. 그러면 최고가 되지 않고

는 못 배길 것이다. 최고도 습관이다. 최고도 중독된다. 여러분도 최고
가 되라!

4. 자기 분야에 최고가 되라

노벨화학상 수상자 아리 워셜 교수는 사람들이 종종 어떤 분야를
연구해야 하는지 물어본다고 했다. 그때마다 "미래에는 어떤 분야가
중요해질지 모르니 자기 분야에서 최고가 되라."라고 조언한다고 했다.
그렇다. 어떤 분야든 자기 분야에서 최고가 되면 어떠한 상황에서도
문제될 게 없다. 블랙베레가 세계 최강이 되면 어떠한 적과 싸워도 승
리할 수 있는 것과 마찬가지다. 여러분도 자기 일에 최고가 되어 보라.
그러면 어떠한 상황이 닥치더라도 성공은 보장된다.

자기 분야에서 최고가 되려면

자기 분야에서 최고가 되려면 어떻게 해야 하는가? 먼저 노력은 필
수다. 그렇다면 그 분야에 재능도 없는데 무조건 노력만 하면 되는가?
그렇다. 다만 재능을 타고나지 못한 사람은 그만큼 노력을 많이 해야
할 뿐이다. 재능은 체계적인 노력을 이길 수 없다고 했다. 노력은 곧
연습을 일컫는다. 미국의 저널리스트 제프 콜빈은 저서『재능은 어떻

게 단련되는가?』에서 "사람들이 자기가 하는 일을 최고 수준으로 잘 할 수 있는 건 타고난 재능이 아니라 체계적이고 신중한 연습 덕분이다."라고 했다.

콜빈의 주장을 뒷받침하는 사례는 셀 수 없이 많다. 골프 황제 타이거 우즈는 한 살이 되기 전부터 골프채를 가지고 놀았다. 테니스 선수 안드레 아가시는 아기 침대 위에 매달아 놓은 테니스공을 보고 만지며 자랐고, 걷기 시작할 때는 손목에 라켓을 테이프로 감고 다녔으며, 두 살 때 이미 테니스 코트에서 서브 넣는 법을 배웠다. 축구선수 베컴은 "제 비결은 연습이에요. 제가 한 가지 확신하는 게 있어요. 인생에서 무언가 대단한 성과를 얻으려면 연습, 연습, 또 연습뿐이라는 것입니다."라고 했다. 이를 보면 꼭 재능이 있어야 그 분야에서 최고가 되는 것이 아님을 알 수 있다. 노력하면 최고가 될 수 있다. 세계 최고가 된 사람은 모두 연습벌레였다.

'1만 시간의 법칙'을 따르라

그럼 얼마만큼 연습해야 하는가? 21세기 가장 영향력 있는 저널리스트 말콤 글래드웰은 "1만 시간은 어느 한 분야의 전문가가 되기 위해 필요한 시간이다."라고 했다. 다시 말해 자기 분야에서 최고가 되려면 최소한 1만 시간의 노력을 투자해야 한다는 말이다. 즉 '1만 시간의 법칙'이다. 1만 시간! 너무 막연하다. 1만 시간이 구체적으로 어느 정도인가? 1만 시간은 하루에 3시간씩, 1주일에 20시간씩 10년 동안 연습해야 하는 시간이다. 하루 6시간씩이면 5년, 하루 8시간씩이면 3년이 걸린다. 너무 엄청난가? 결코 쉬운 일은 아니다. 그러니 최고가 되는 게 쉬운 것이 아님을 알 수 있다. 그렇다고 미리 겁먹을 필요는 없다. 문제는 결단 여하에 달렸다. 그 결단의 선택은 여러분의 몫이다.

성공한 사람들을 살펴보면 한 가지 일을 최소한 1만 시간 넘게 했다는 공통점을 가지고 있다. 작곡가 모차르트는 여섯 살에 작곡을 시작해 걸작은 1만 시간이 흐른 스물한 살 이후에 만들어졌다. 그의 최초 걸작은 스물한 살 때 작곡한 협주곡 9번이다.

1956년 영국의 한 시골 록밴드는 레슨 한 번 받은 적이 없고 악보도 볼 줄 몰랐다. 그들은 하루 8시간 이상을 연습하고, 1,200회 이상의 라이브 공연을 한 5년 뒤에 20세기 최고의 록밴드 비틀즈로 탄생했다.

프로 사이클 선수 랜스 암스트롱은 1996년 고환암을 진단받았으나 이를 극복하고, 하루 6시간씩 8년 동안 17,520시간을 연습했다. 그 후 그는 프랑스 도로 일주 사이클 대회에서 사상 최초로 7연패를 달성했다.

피겨 여왕 김연아는 일곱 살에 피겨를 시작해 매일 오전 9시부터 밤늦게까지 하루 10시간 넘게 훈련했다. 그렇게 13년이 지난 뒤에 밴쿠버 동계올림픽에서 금메달리스트가 되었다.

마린보이 박태환 선수는 천식 때문에 다섯 살에 수영을 시작했고,

일곱 살에 노상민 감독을 만나 본격적으로 수영을 배웠다. 그는 "하루 15,000m를 연습해야만 세계 최고와 겨룰 수 있어요."라고 말했다. 박선수는 그렇게 1만 시간 이상 훈련한 결과 세계 정상에 섰다.

이와 같이 세계 최고의 자리에 오른 사람들은 그 자리에 오르기까지 반드시 거쳐야 했던 시간의 터널은 1만 시간이었다.

그렇다면 무턱대고 1만 시간만 채우면 최고가 되는 것인가? 당연히 아니다. 똑같이 회사에서 10년 동안 일을 했지만 성공하는 사람과 그렇지 못한 사람이 있다. 왜 그럴까? 투입한 양은 같지만 질이 다르기 때문이다. 따라서 1만 시간의 노력을 투자하는 데는 전제조건이 필요하다. 자기가 좋아하는 일을 찾아 신중한 연습을 해야 한다.

왜 좋아하는 일을 찾아야 할까? 좋아하지 않으면 오래 지속할 수 없기 때문이다. 1만 시간은 하루 이틀에 끝나는 것이 아니다. 아무리 끈기로 견딘다 하더라도 한계가 있다. 좋아서 즐기지 않으면 열정이 식어 버린다. 열정 없는 연습은 고통이다. 그러니 오래 가지 못하고 중간에 포기하고 만다.

그리고 왜 신중한 연습인가? 철저하게 계산된 연습이 아니면 시간만 낭비하기 때문이다. 단지 오래 지속한다고 최고가 되는 것이 아니다. 연습에는 몰입과 혁신이 따라야 한다. 연습의 목적은 자신의 실력을 현 상태보다 훨씬 더 높은 단계로 향상시키는 데 있다. 그런데 연습에 몰입하지 못하면 타성에 젖게 된다.

세기의 바이올리니스트 나탄 밀슈타인이 어릴 때 스승에게 한 곡을 제대로 연주하려면 하루에 몇 시간을 연습해야 하는지 물었다. 스승의 대답은 "아무 생각 없이 손가락만 움직이면 하루 종일 연습해도 모자라지만, 연습에 온 신경을 모으고 손놀림 하나하나에 집중해 연습하면 2~3시간이면 족하다."라고 했다.

바로 이래서 몰입하여 연습하는 것이 중요하다. 또한 연습에는 혁신이 있어야 한다. 신중한 연습을 하려면 기존 방식에 얽매이지 말고 좀 더 효과적인 새로운 방식을 찾아내어 끊임없이 도전해야 하는 것이다.

최고의 블랙베레는 1만 시간의 훈련으로 만들어진다

군에서는 흔히 '짬밥'이 말해 준다는 말이 있다. 신참과 고참을 비유할 때 쓰는 말이기도 하다. 고참은 군대 밥을 많이 먹었으니 그만큼 경험이 많아 숙련자이고, 신참은 그 반대라는 비유다. 그런데 참 신기한 것은 신참과 고참의 전투력은 시간, 즉 짬밥에 비례한다는 것이다. 아무리 신참이 재능이 있다 하더라도 일정 기간이 지나기 전에는 고참을 능가하지 못한다. 재능이 연습을 이기지 못하기 때문이다. 이런 이치가 블랙베레에게는 더욱 두드러지게 나타난다. 신참이 고참이 되어 최고의 자리를 이어받는데 대략 1만 시간이 걸린다.

특전사는 팀(중대)이 핵심이다. 팀이 작전 수행의 기본 단위이기 때문이다. 팀은 장교 2명(중대장, 부중대장)과 부사관 10명으로 편성되어 있다. 부사관은 폭파·화기·의무·통신 주특기의 전문 분야를 담당한다.

폭파담당관은 폭약제조 및 폭파 전문가다. 화기담당관은 아군과 적의 총포와 탄약을 능숙히 다루는 총기 전문가다. 의무담당관은 응급처치는 물론 간단한 봉합 수술이 가능하고, 특히 뜸과 침으로 야전에서 팀의 주치의 역할을 한다. 통신담당관은 장거리 통신의 달인이다. 이와 같이 전문 담당관들은 자기 분야에서 최고가 되어야 한다. 최고가 아니면 임무수행도, 살아 돌아오지도 못한다.

이들은 어떻게 최고의 전문가가 되는가? 바로 1만 시간의 법칙을 따른다. 전문 담당관들은 고참과 신참 사이에 사수와 조수의 관계가 형성된다. 그래서 신참 담당관이 새로 보직되면 그날부터 고참 담당관이 멘토가 되어 1:1 책임제 훈련이 시작된다. 이 훈련은 앞에서 말한 신중한 연습으로 진행된다. 그렇게 대략 3년이 지나면 신참은 중사로 진급하여 고참이 된다. 그러면 자기 분야에서 최고 수준에 도달한다. 이 시간이 약 1만 시간 정도이다. 이렇게 고참은 전역해 떠나고, 신참이 고참이 되어 다시 신참을 받는다. 이렇게 팀은 최상의 전투력을 상시 유지하게 되는 것이다.

이제 자기의 능력을 믿고 최고를 향해 가는 것만 남았다

여러분도 블랙베레처럼 최고가 될 수 있다. 여러분의 능력은 여러분이 생각하는 것보다 훨씬 더 뛰어나다. 에릭 라르센의 말을 들어 보자. 그는 노르웨이 공수부대 출신으로 세계적인 멘탈 트레이너이다. 그는 저서 『최고가 되라』에서 이렇게 적고 있다.

육군 공수부대 사관학교 교관이 칠판에 세로로 선을 죽 그었다. 선 맨 아래에 0을 표시한 뒤 오름차순으로 10까지 숫자를 적어 나갔다. 그러고 나서 손가락으로 '4'를 짚으며 말했다.

"제군들은 스스로 이 정도쯤 감당할 수 있다고 생각할 거다."

이번에는 '2'를 가리키며 말했다.

"제군들 어머니는 여러분이 이 정도 감당할 수 있다고 생각할 거고."

그가 집게손가락을 천천히 위로 움직여 '7'에서 멈췄다.

"우리 장교들은 제군들이 이 정도는 너끈히 감당할 수 있다고 확신한다."

"그런데 사실은 여기다. 제군들은 생각보다 훨씬 많은 걸 감당할 수 있단 얘기다."

그가 가리키고 있는 숫자는 '10'이었다.

"제군들의 능력은 제군들의 상상을 초월한다!"

－『최고가 되라』, 에릭 라르센, 9쪽

```
┌─ 10  ◀───── 제군들의 능력
├─  9
├─  8
├─  7  ◀───── 장교들
├─  6
├─  5
├─  4  ◀───── 제군들
├─  3
├─  2  ◀───── 어머니
├─  1
└─  0
```

교관의 설명을 이해를 돕기 위해 그려본 것이다.

다시 말해 교관의 말은, 공수부대원에 지원한 자신들의 능력은 실제 10까지 감당해 낼 수 있는데도 자기 어머니는 2, 자신은 4, 장교들은 7 정도밖에 보지 않는다는 얘기다. 그러니 자신의 능력은 생각보다 훨씬 많은 것을 감당할 수 있기 때문에 능력을 믿고 밀고 나가라는 것이다.

에릭 라르센은 1992년 공수부대원 선발에서 교관이 한 이 말을 가슴깊이 새기고, 지옥 같은 훈련을 이겨내 당당히 가슴에 공수 휘장을 달았다고 했다. 그러면서 그는 이렇게 말했다. "당신은 당신이 생각하는 것 보다 더 많은 걸 해낼 수 있다! 진정으로 원하면, 당신은 할 수 있다! 당신이 알아야 할 건 단 하나, 당신이 정말 원하는 게 무엇이냐다!"

여러분은 어떤가? 여러분도 정말 원한다면 너끈히 해낼 수 있다. 지금 결단하라. 자기 분야에 최고가 되겠다고. 그리고 가장 잘할 수 있고 즐길 수 있는 일을 찾아 뚜렷한 목표를 정해 몰두하고 끝까지 버텨라. 그러면 최고가 된다. 반드시!

1. 경쟁이 심한 지금은 최고만 살아남는다. 최고는 누구나 될 수 있다. 그러나 평범한 2등은 최고가 될 수 없다. 최고가 되려면 남들보다 달라야 하기 때문이다. 여러분은 남들보다 무엇이 다른가? 최고가 될 수 있는 자질을 묻는 아래 20개의 문항을 스스로 체크해 보자.

☐ 내가 하고 있는 분야에 최고가 되겠다는 굳은 결심을 하고 있다.

☐ 내가 좋아하고 잘하는 일을 찾아 하고 있다.

☐ 최고가 되는 자신만의 설계도를 갖고 있다.

☐ 최고가 되는 목표를 위해 매일 무언가를 지속적으로 하고 있다.

☐ 1년에 자기 분야에 대한 책을 50권 읽는다.

☐ 주기적으로 나를 되돌아보는 시간을 갖는다.

☐ 무엇을 결심하면 포기하지 않고 끝까지 하는 편이다.

☐ 최고는 아무나 될 수 있다고 생각한다.

☐ 최고가 되기 위해 하루 3시간 정도 노력한다.

☐ 남들보다 의지가 강하고 성실하다는 평을 받고 있다.

☐ 해야 할 일이라고 생각하면 저지른다.

□ 새로운 것에 도전하고 끈기가 있는 편이다.

□ 재능과 능력은 노력을 이길 수 없다는 것을 믿는다.

□ 전문성을 갈고닦기 위해 끊임없이 노력한다.

□ 가끔은 일에 미쳤다는 생각이 들 때가 있다.

□ 내가 좋아하는 일을 즐기는 편이다.

□ 무슨 일에 실패했을 때 쉽게 좌절하거나 포기하지 않는다.

□ 최고가 된 모습을 상상하며 힘든 일을 이겨낸다.

□ 최고가 되는 데 도움이 되는 좋은 습관을 두 가지 이상 갖고 있다.

□ 새로운 일에 두려움 없이 뛰어드는 편이다.

2. 위의 체크리스트에서 여러분이 체크한 결과를 아래 범주에 대입해 보자.

• 성숙 단계: 16개 이상

  - 이미 최고이거나 최고의 길로 가고 있다. 지속적으로 톱날을 갈아라.

• 가능 단계: 11~15개

  - 가능성이 높다. 더욱 열심히 노력하라.

• 인식 단계: 5~10개

  - 최고가 되는 것에 대해 이제 조금씩 눈을 뜨는 단계다. 실천

이 중요하다. 구체적인 목표를 세워 실천해 보라.

- 미숙 단계: 5개 미만
  - 최고가 되려는 의지가 부족하다. 하지만 지금 시작해도 늦지 않다. 늦게 출발하더라도 꾸준히 가면 목적지에 도달한다. 그러나 출발하지 않으면 영원히 도달할 수 없다.

3. 자기 분야에서 최고가 될 수 있는 방법을 실천해 보자.

위에서 자신의 범주를 확인했을 것이다. 이제는 실천만 남았다. 자기 분야에서 최고가 되려면 어떻게 해야 할까? 최고가 되겠다는 결단을 해야 한다. 그래야 노력을 집중할 수 있다. 그리고 최고가 되는 방법을 찾고, 최고의 사람들과 일하도록 만든다. 그렇지 않으면 자신의 재능과 능력을 100% 활용하지 못하고 그냥 저냥 지내고 말게 된다. 매 순간 최고가 되겠다는 결심을 굽히지 말고 다음을 실천해 보자.

- 자신에게 가장 쉽게 느껴지고 잘할 수 있는 분야를 찾아라.
- 크고 담대하며 도전적인 목표를 구체적으로 세워라.
- 해당 분야의 책을 100권 이상 읽어 지식을 쌓아라.
- 최고를 위한 노력을 쏟아부어라. 재능이 노력을 이기지 못한다.

- 그 일을 즐겨라. 즐겨야 오래 지속할 수 있다.
- 무엇보다 포기하지 말아야 한다. 중간에 실패하더라도 다시 도전해야 한다.
- 누구나 최고가 될 수 있음을 믿어라. 그러나 아무나 될 수 없다는 것을 명심하라.

Lesson 7.

[의 리] 의리를 소중히 여겨라

군자는 의리에 밝고,
소인은 이익에 밝다.

-공자

Lesson
7.
[의리]

1. 의리가 목숨보다 귀하다

의리는 인간이 마땅히 행하여야 할 도리이다. 사전적 의미는 사람으로서 마땅히 지켜야 할 도리, 사람과의 관계에 있어서 지켜야 할 바른 도리라고 정의하고 있다. 그런데 우리 사회를 보면, 이런 지켜야 할 도리가 땅에 떨어진 것 같다. 세월호 참사 등 최근에 불거지는 사태를 보면 더욱 그런 생각이 든다.

한국 사회, 지금 의리가 필요한 때다

근래 한국 사회에는 새삼스럽게 의리란 화두가 뜨고 있다. 바로 김보성 씨가 주도하는 의리 열풍이다. 요즘 회자되는 의리는 우리가 알고 있는 의리와는 조금 다른, 희극적 요소가 가미된 '으리'다. 예컨대 '항아으리', '신토부으리', '회오으리', '아메으리카노'처럼 아무 데나 '으리'를 갖다 붙여 갖가지 패러디 시리즈가 넘쳐 난다. 갑자기 왜 이런 의리 열풍이 불고 있는 걸까? 시대가 의리를 불러낸 것 같다. 약육강

식, 물질만능주의 시대에 소외당하고 상처받다가 의리를 외치면서 위로받으려는 것이 아닐까?

그것을 반증이라도 하듯 김보성 씨의 '으리' 광고가 나가자마자 단번에 유튜브 조회 수가 285만 건을 돌파하는 폭발적인 반응을 보였다. 이런 현상을 두고 문화평론가 하재근 씨는 "세월호 참사에서 선장은 배를 버리고 도망가고, 국가 시스템은 국민을 지켜 주지 못한 그런 모습을 본 사람들이, 현실에 없는 의리를 대리만족하려는 게 최근 의리 열풍의 이유"라고 분석했다.

지금 사람들은 의리를 원하고 필요로 하고 있다. 그래서 의리란 말에 민감하게 반응하는 것이다. 의리의 열풍을 일으킨 주인공 김보성 씨는 대출받은 1,000만 원을 세월호 희생자 유족에게 기부하면서 돈이 적어 미안하다고 했다. 나눔의 의리를 실천한 것이다. 그의 말처럼 대한민국이 의리공화국이 됐으면 좋겠다.

의리는 목숨보다 귀하다

맹자는 살고 싶은 욕망과 의리를 지키고 싶은 욕구를 겸할 수 없을 때는 살기를 버리고 의리를 선택하라고 하면서 물고기와 곰 발바닥을 비유해 의리가 목숨보다 귀함을 설명했다. 맹자의 말을 들어 보자.

"물고기, 내가 갖고 싶다. 곰 발바닥, 역시 갖고 싶다. 그러나 이 둘을 다 가

192

질 수 없다면 물고기를 버리고 곰 발바닥을 취하리라. 목숨, 내가 아끼는 것이다. 의리, 역시 내가 아끼는 것이다. 둘 다를 동시에 취할 수 없다면 목숨을 버리고 의리를 취할 것이다."

그리고 속담에 "의리는 산 같고 죽음은 홍모(鴻毛)같다."라는 말이 있다. 즉 의리는 산같이 무겁고 죽음은 기러기 털같이 가볍다는 뜻으로, 의리를 위해 목숨을 가벼이 여김을 이르는 말이다. 이는 의리가 목숨보다 귀하다는 것을 단적으로 표현한 말이다.

이렇게 예전에는 의리를 목숨보다 귀하게 여겼고, 또 의리를 생명처럼 지키며 살았다. 그만큼 사람의 도리를 다하며 살았던 것이다. 하지만 지금은 어떤가? 요즘 한국은 그렇지 못하다. 그러므로 우리는 이러한 의리 사상을 배워 실천해야 한다. 다음은 의리를 목숨보다 귀하게 여긴 고전에 나오는 이야기를 보자.

의리가 목숨보다 귀하다는 것을 보여준 예양

사마천의 『사기』 「열전」에는 예양(豫讓)의 이야기가 나온다.

예양은 섬기던 주인 지백이 씨족 간의 파벌 싸움으로 조양자에게 멸족당하자, 주인의 원수를 갚기로 결심했다. 그는 비수를 품고 조양자의 집에 숨어들어가 죽일 기회를 노렸으나, 뜻을 이루지 못하고 붙잡히고 말았다. 사람들이 예양을 죽이려 하자 조양자는 옛 주인에게 의리를 지키려는 마음이 가상하다며 풀어 주게 했다.

그래도 예양은 지백의 원수 갚기를 포기하지 않았다. 얼마 후 조양자가 지나갈 때를 기다려 다리 밑에 숨어 있다가 죽이려 했으나 또 붙잡히고 말았다.

조양자가 예양을 꾸짖었다.

"그대는 일찍이 범 씨와 중행 씨를 섬기지 않았는가? 지백이 그들을 전부 죽였는데도 그대는 범 씨와 중행 씨를 위해서 복수는 하지 않고, 도리어 지백의 신하가 되었다. 그대는 어찌 지백을 위해서만 끈질기게 복수를 하려 하는가?"

예양이 말했다.

"범 씨와 중행 씨는 모두 저를 보통 사람으로 대우했기에 저도 보통 사람으로서 보답했을 뿐입니다. 그러나 지백은 저를 국사(國史)로 대우했기에 저도 국사로서 보답하려는 것입니다."

그러자 조양자는 감탄하며 말했다.

"그대가 지백을 위해 충절을 다했다는 명예는 이미 이루어졌고, 내가 그대를 용서함도 이미 충분하다. 그러니 그대를 다시 놓아주지 않으리라."

이에 예양이 조양자에게 간청했다.

"마지막으로 한 가지 청이 있습니다. 당신의 옷을 칼로 쳐서 지백의 원수를 갚고자 하는 뜻을 이루게 해 주시면 죽어도 여한이 없겠습니다."

그 말에 다시 한 번 탄복한 조양자는 주저하지 않고 옷을 벗어 예양에게 던져 주었다. 예양은 옷을 칼로 세 번 내리 찍으며 "이제 비로소 지백에게 보답할 수 있게 되었도다!"라고 말한 뒤 스스로 목숨을 끊었다.

예양은 자신을 인정하고 대우해 준 지백의 원수를 갚기 위해 목숨을 버렸다. 이것이야말로 의리가 생명보다 귀하다는 것을 단적으로 보여준 예라 할 수 있다. 이기주의가 팽배한 요즘에는 이런 예양의 행동을 이해하기 어려울 것이다. 자신을 이해해 주고 대우해 주었다는 것이 목숨을 바칠 만큼 대단한 것일까? 여러분은 예양이 손해본 것 같은 생각이 들 것이다.

하지만 그렇게 생각하고 있는 자신에게 이런 질문을 던져 보라. 누구를 진심으로 인정하고 대우해 준 적이 있는가? 누구에게 참된 인정을 받은 적이 있는가? 항상 상대방을 의심하고, 깎아 내리기에만 급급하지 않았는가? 반성해 볼 일이다. 아무리 세상이 각박하다 해도 의리가 살아 있어야 공동체가 살고 나도 살 수 있는 것이다.

블랙베레 사나이들은 어떤가

특전사 사나이들은 의리에 살고 의리에 죽는 사나이들이다. 따라서 의리를 목숨보다 귀하게 여긴다. 그들은 "절대충성 절대복종", "혼을 나누는 의리"를 특전 혼으로 삼고 있다. 그리고 "나는 의리의 검은 베레! 전우와 생사를 같이한다."는 신조를 지키며 산다.

따라서 블랙베레의 의리는 사전적 의미 두 가지를 모두 충족한다. 우선 '사람으로서 마땅히 지켜야 할 도리'이다. 이들에게 무엇이 사람으로서 마땅히 지켜야 할 도리이겠는가? 당연히 조국의 부름을 받은 자들로서 조국에 충성하고 조국의 명령에 복종하는 것이 마땅히 지켜야 할 도리이다. 다음은 '사람과의 관계에서 지켜야 할 바른 도리'이다. 이들에게는 피를 나눈 형제처럼 혼을 나눈 형제가 있다. 바로 전우이다. 전우 간에 지켜야 할 도리가 전우애이다.

블랙베레들은 조국이 명령을 내리면 사지(死地)로 뛰어든다. 생사를 초월한 절대충성 절대복종이다. 그들은 적 지역으로 침투하여 목숨 걸고 임무를 수행한다. 적 지역으로 들어가기 전에 유서와 함께 머리카락과 손톱을 잘라 유품함을 만들어 놓는다. 그만큼 살아 돌아올 가능성이 적다는 의미다. 그래도 기꺼이 명령을 따른다. 이것이 그들에게는 조국에 대한 의리이다.

그들은 전우애도 특별하다. 적 지역에서 생사를 같이 해야 하기 때문이다. 특전사의 작전활동은 팀 단위가 기본이다. 팀은 12명으로 이들은 적진에서 죽어도 같이 죽고 살아도 같이 살아야 한다. 이것이 그들에게는 전우에 대한 의리이다. 이와 같이 블랙베레는 의리를 목숨보다 귀하게 여긴다.

2. 의리는 생사도 함께한다

　의리하면 우정을 떠올린다. 그만큼 친구 사이에 의리를 많이 강조해 왔기 때문이다. 동서고금을 막론하고 친구에게 의리를 지켜야 한다는 말은 공통적이다. 때론 그 의리는 친구를 위해 목숨을 버릴 수도 있다. 우리는 친구를 위해 목숨 바친 아름다운 우정을 많이 접한다. 이것이 진정한 친구 사이의 우정이다. 성경에는 이를 큰 사랑이라 했다. 요한복음 15장 13절에는 "사람이 친구를 위하여 자기 목숨을 버리면 이보다 더 큰 사랑이 없나니"라고 말씀하고 있다.

친구를 살리고 실종된 친구, 13년 만에 미라로 발견되다

　이런 사례도 있다. 1999년 9월 4일 친구와 함께 미국 미시건 강에서 난파선 탐사를 하던 52세의 아마추어 다이버가 친구를 구하고 실종됐다. 그런데 13년이 지난 2012년 8월 22일 물속에서 미라로 발견되어 화제가 되었었다.

　외신 보도에 따르면, 더크 칸 씨는 친구 그레그 올슨 씨의 산

미라 상태로 발견된 모습(외신보도 자료)

소 탱크가 고장 나자 자신의 산소 탱크를 번갈아 사용하면서 친구의 목숨은 구했지만, 정작 자신은 사망한 것이었다. 수심 70m에서 발견된 미라는 사망 당시의 잠수복과 산소 탱크를 메고 있는 상태였다고 한다. 아마도 친구를 위해 목숨을 버린 큰 사랑의 힘이 미라로 만들었는지도 모를 일이다.

의리가 만들어 낸 '기도하는 손'

독일에 가난한 화가 지망생 친구가 있었다. 알브레히트 뒤러와 프란츠 나이스타인이다. 둘은 너무나 가난했기 때문에 일을 해서 생계를 꾸려 가며 틈틈이 그림 공부를 했다. 그러나 육체적 노동이 너무 고되어 제대로 그림 공부를 할 수 없었다. 그러자 프란츠가 결단을 내렸다. 자신이 일을 해서 번 돈으로 친구 뒤러를 먼저 미술 학교에 다니게 하고, 자신은 뒤러가 성공하면 그때 도움을 받아 미술 공부를 하기로 했던 것이다.

뒤러는 친구의 도움으로 미술 공부에 전념하게 되었다. 그렇게 뒤러는 미술대학을 수석으로 졸업하고 화가로서 크게 성공했다. 뒤러는 이제 프란츠를 돕기 위해 그를 찾아갔다.

그런데 프란츠는 조용히 웃으며 이렇게 말했다.

"뒤러, 나를 도와주지 않아도 되네."

뒤러가 어이가 없어 물었다.

"아니 왜 그러는가? 지금까지 자네가 나를 도와주어 나는 이렇게 성공했고, 이제부터는 내가 자네를 도울 것일세!"

그러자 프란츠가 손을 내 보이며 말했다.

"내 손을 보게! 이 손으로는 그림을 그릴 수 없네!"

뒤러가 친구의 손을 보니 혹독한 추위에 얼마나 고생을 했던지 손의 뼈마디가 전부 일그러져 있었다. 친구를 위해 화가의 생명인 손가락을 희생한 것이었다. 뒤러는 친구의 손을 붙잡고 통곡했다.

어느 날 뒤러는 자기를 위해 끊임없이 기도하는 친구의 손을 보고 그의 손을 정신없이 그렸다. 그 그림이 바로 유명한 「기도하는 손」이다. 친구를 위해 자신의 꿈을 접은 프란츠의 애절한 손이다.

이런 진정한 우정이 있다니 교훈으로 삼을 만하다. 프란츠는 친구를 위해 목숨을 바친 것과 다를 바 없다. 화가에게 손은 생명과도 같은 것이기 때문이다. 만약 프란츠가 친구를 위해 목숨이라도 바칠 생각을 하지 않았다면 자기 손을 망가뜨리면서까지

현재 독일 뉘른베르크 박물관에 소장되어 있는 뒤러의 1508년 작품으로 자신을 위해 희생한 친구 프란츠의 기도하는 손을 모델로 했다.

뒤러를 위해 헌신하지 않았을 것이다. 프란츠가 보여준 우정은 세상에서 가장 아름다운 우정이었다.

문경지교(刎頸之交)의 교훈을 배워라

뒤러와 프란츠 같은 우정을 문경지교라 할만하다. 문경지교란 서로 죽음을 함께할 수 있는 막역한 사이를 이른 말이다. 여러분은 이런 우정을 기대하는가? 만약 이런 우정이 있다면 세상에서 가장 행복한 사람일 것이다. 생각해 보라! 친구가 나를 위해 목숨을 아끼지 않고, 내 또한 친구를 위해 목숨도 아끼지 않는다면 이게 행복이 아니고 무엇이랴. 하지만 이런 우정을 얻으려면 내가 먼저 문경지교를 실천해야 한다. 문경지교의 고사를 보자.

전국시대 조나라에 인상여와 염파라는 두 장군이 큰 전공을 세웠다. 그런데 인상여 장군에게만 높은 벼슬을 주자 염파 장군이 시기해 인 장군을 비난하고 다녔다. 이 사실을 부하가 인 장군에게 고자질했다. 인 장군은 부하를 나무라며 이렇게 말했다. "너는 말조심해라. 진나라가 우리 조나라를 침공하지 못하는 이유는 염 장군의 용맹 때문이다. 그러니 왕도 나중에는 염 장군을 크게 등용할 것이다."라고 했다. 이 소문이 다시 염 장군에게 들어갔다. 염 장군은 자기 잘못을 깨닫고 스스로 곤장을 지고 인 장군에게 찾아갔다. 염 장군은 "비천한 사람이 장군의 너그러움을 알지 못했나이다. 죽여 주십시오."라고 사죄했다. 이로 인해 두 사람은 문경지교, 즉 생사를 같이하는 친구가 되었다는 고사다.

내가 어떻게 처신하느냐에 따라 생사를 같이할 친구를 얻을 수도 있고 그렇지 못할 수도 있음을 깨달아야 한다. 사람들은 남을 시기하고 허물 잡기를 좋아한다. 특히 라이벌 사이에는 더욱 그렇다. 그러면 결코 자기에게 이로움이 없다. 남의 허물도 덮어 주고 인정해 주면 나를 비난하던 사람도 내 사람으로 만들 수 있다. 이게 문경지교를 얻는 비결이다.

블랙베레의 문경지교를 보자

필자가 3공수여단에서 중대장을 할 때 있었던 미담 하나를 소개한다. 우리 중대원 12명 중에 김 하사와 이 하사가 있었다. 그 둘이 문경지교가 된 사연이다.

김 하사와 이 하사는 특전 부사관 후보생 8기로 동기생이었다. 김 하사는 결손 가정에서 불우하게 자랐고, 입대 전까지 불량배로 생활하다 도피 수단으로 공수부대에 지원한 케이스였다. 지금까지 살아온 삶이 말해 주듯 성깔도 있었다. 반면 이 하사는 평범한 가정에서 무난하게 성장한 친구였다.

처음에는 둘 사이가 별 문제가 없었다. 쉽게 말해 중대에서 졸병 신세였으니 서로 의지하는 면이 있었을 것이다. 그런데 1년 정도 지나면서부터 둘 사이에 문제가 생기기 시작했고, 김 하사의 본성이 서서히 드러났다. 한 번은 이 하사가 월급 받은 돈을 도난당한 사건이 일어났다. 알고 보니 김 하사 소행이었다. 이때부터 둘 사이는 앙숙 관계가 되었다. 그리고 김 하사는 시간이 갈수록 포악한 성격 탓에 계속 문제를 일으켜 대대 내에서도 문제아로 꼽혔다.

그런데 하사에서 중사 진급 심사가 있을 때 이 하사가 필자를 찾아왔다. 이번 진급 심사에서 자신보다 김 하사를 진급시켜 달라고 했다. 왜 그런 생각을 했느냐고 물었다. 자신은 내년에 진급을 하면 되지만 김 하사가 만약 이번에 진급에서 떨어지면 더욱 나쁜 길로 빠질 가능성이 있다는 것이었다. 그야말로 친구를 위해 자기를 희생하겠다는 뜻이었다. 나는 알았다고 약속하고 지휘 계통으로 보고했다. 그랬더니 지역대장은 공감했으나 대대장은 부정적인 생각이었다. 대대의 말썽꾸러기를 진급시키면 안 된다는 것이었다. 그래서 나는 진급시키면 책임지고 선도하겠다고 간청했다.

그러고 나서 김 하사를 조용히 불러 이 하사의 이야기를 해주자 눈시울을 적셨다. 가능성이 보였다. 그도 사람인지라 감정을 나타내 보인 것이다. 김 하사는 노력해 보겠다고 했고, 그 이후로 김 하사의 태도에 변화가 있었다.

그런데 진급 발표 결과 김 하사와 이 하사 모두 진급이 되었다. 결과적으로 이 하사가 김 하사를 진급시킨 꼴이 되었다. 이를 계기로 김 하사는 사람이 완전히 변해 대대에서도 모범이 되었고, 두 사람 사이는 둘도 없는 친구 사이가 되었다. 그리고 김 중사는 장기복무 신청을 해 직업 군인의 길을 택했다. 반면 이 중사는 의무복무를 마치고 전역을 했다. 그러나 둘의 우정은 계속되었다.

  전역한 이 중사는 지금 아버지 회사를 물려받아 중소기업 사장이 되었고, 김 중사는 원사까지 진급했고, 훌륭하게 군 생활을 해 훈장까지 받았다. 그는 정년퇴임하고 지금은 모 경비업체 팀장으로 제2 인생을 살고 있다. 둘 사이의 전우애와 의리는 변함이 없다. 이제는 가족들까지도 서로 한 가족처럼 지내면서 우의를 다진다고 했다. 마음이 뿌듯하다.

  만약 그때 이 사하가 김 하사를 용서하지 못했다면 한 사람의 인생이 어떻게 되었을지 모른다. 그런데 한 사람이 친구를 소중히 여기고 사랑으로 보듬음으로써 아름다운 우정을 꽃피울 수 있었다. 이것이 진정한 전우애다. 블랙베레들은 이러한 전우애가 있어야 적 지역에서도 살아남을 수 있다.

3. 문재인의 의리 vs 장세동의 의리

  세간에 새정치민주연합의 문재인 대표와 장세동 전 안기부장의 의리를 두고 이러저러한 말을 많이 한다. 두 사람에게는 공통점이 있어 더욱 그러하다. 두 사람 모두 특전사 출신에다 전직 대통령을 측근에서 모셨다. 그리고 그분들을 끝까지 옆에서 지켰다. 이것을 사람들은 의리로 보았다. 두 사람이 특전사와 인연을 맺게 된 것과 모시던 대통령에 대한 의리가 어땠는지 알아보자.

운동권 문재인, 블랙베레가 되다

  문재인 대표는 1975년 8월초 강제 징집되어 39사단 신병훈련소로 입대했다. 6주간 훈련을 마치고 배치받은 부대는 특전사 1공수여단 3대대였다. 당시 3대대장은 장세동 중령(전 안기부장)이었다. 문재인 대표와는 운명적 만남이었다. 필자도 3대대 출신이라 감회가 새롭다.

  그는 대대 전입 이후 수없는 훈련을 감당해 내며 강인한 특전요원이 되었다. 20kg의 배낭을 메고 10km를 57분에 주파하는 무장 구보, 1주일 만에 400km 이상을 주파하는 천리행군을 했다. 그리고 20kg의 모래주머니를 안고 수영도 하고, 12kg 무게의 납 벨트를 차고 수영하는 기초 스쿠버(SCUBA) 훈련도 받았다. 이렇게 특전사에서 31개월의 군 복무를 무사히 마치고 1978년 2월에 전역했다. 문 대표는 특전사에서 얻은 것이 많다고 회고했다. 그의 말을 들어 보자.

그의 저서 『문재인을 드립니다』에서는 "군인이라는 시간을 살아 내는 동안 몸도 마음도 단단해졌습니다. 제가 이런 일을 해낼 수 있었다는 사실이 신기하기도 했습니다. 그때 알았습니다. 사람이 느끼는 모든 두려움은 마음이 만들어 낸다는 사실을. 막상 닥치면 다 해낼 수 있다는 것을. 특전사 경험은 분명 저를 긍정적인 사람으로 만들어 주었습니다."라고 했다.

또 다른 저서 『문재인의 운명』에서는 "나는 군대 경험이 제대 후 내 삶에 큰 도움이 됐다고 생각한다. 입대 후 많은 일은 생전 처음 해보는 것이었지만, 막상 해보니 다 해낼 수 있다는 경험. 그것이 나를 훨씬 긍정적이고 낙관적인 사람으로 만들었다. 변호사를 할 때나 청와대에 있을 때 처음 겪는 일이 많았다. (중략) 그때 그런 마음가짐이 큰 도움이 되었다."라고 했다.

이런 내용을 종합해 보면 특전사의 경험이 문 대표에게 큰 영향을 미쳤다는 것을 알 수 있다. 특히 "안 되면 되게 하라!"는 긍정적인 정신과 특전사 사나이의 의리가 영향을 미쳤다.

문재인 대표와 노무현 전 대통령의 운명적 만남

문 대표는 사법연수원을 마치면 판사가 될 것으로 알고 있었다. 당시는 사법연수생이 적어 전원 판·검사로 나가던 시절이었다. 더구나 그는 연수원 성적이 차석을 했기 때문에 판사로 나가는 데는 문제가 없었다. 그런데 유신반대 시위 전력이 문제가 되어 판사 임용이 안 되었다. 대신 검사 제안을 받았으나 거절했다. 그래서 변호사 개업을 할 수밖에 없었다. 개업을 위해 부산으로 내려갔다.

그때 노 전 대통령은 부산에서 개업변호사로 활동하고 있었다. 그리고 박정규 전 민정수석이 연수원을 마치면 노 전 대통령과 합동법률사무소를 하기로 되어 있었다. 그런데 박 전 민정수석이 검사로 임용되는 바람에 약속이 무산되었다. 그래서 박 전 민정수석은 연수원 동기생인 문 대표를 노 전 대통령에게 소개했다. 그렇게 '변호사 노무현·문재인 합동법률사무소'가 설립되면서 두 사람의 운명적 만남은 시작되었다.

노 전 대통령에 대한 문재인 대표의 의리

노 전 대통령과 문 대표의 나이 차이는 여섯 살, 사법고시는 5년 후배다. 그러나 둘 사이는 항상 존중하는 사이였다. 문 대표는 저서 『문재인의 운명』에서 "노 변호사는 처음부터 나를 많이 존중해 줬다. 내게 늘 높임말을 썼다. 나도 웬만하면 '형님'이라고 잘하는 성격인데도 그분께는 '선배님'을 넘어서서 '형님' 소리를 못 했다."라고 적고 있다.

그리고 2002년 대선 당시 문 대표가 부산선거대책본부장을 맡았을 때, 노 후보자가 선대본부 출범식 연설에서 "사람은 친구를 보면 어떤 사람인지를 알 수 있다고 하지 않습니까? 노무현의 친구 문재인이 아니고 문재인의 친구 노무현입니다."라고 인사말을 했다고 한다. 이것 만 보아도 두 사람 사이가 얼마나 끈끈한 관계인지 알 수 있다.

문 대표는 노 전 대통령의 오른팔 역할을 하며 동고동락했다. 민정 수석, 탄핵 대리인 간사, 시민사회수석, 다시 민정수석, 정무특보, 대통 령비서실장 그리고 지금은 '노무현 재단 이사장'을 하고 있다. 이런 운 명적 만남으로 인해 생전에는 물론 사후에도 변함없는 의리를 지키고 있다.

노 전 대통령과 문 대표 두 사람 사이는 선배요, 친구요, 동지요, 군 신(君臣)의 관계였다. 그래서 그런지 문 대표의 의리는 군신 간의 절대 충성 절대복종의 의리와는 거리가 있어 보인다.

장세동, 그는 진정한 블랙베레였다

장세동 전 안기부장은 대위 때 1공수단에서 팀장을 했다. 그런 다 음 베트남 파병과 수경사에서 근무하다 다시 특전사로 돌아와 1공수 여단 3대대장을 하였고, 대령 때는 특전사령부 작전처장을 역임했다. 그리고 장군으로 진급하여 최세창 장군(전 안기부장) 후임으로 3공수여 단장에 보임됐다. 당시 필자는 장세동 여단장 밑에서 중대장을 했다. 그때 여단 장병들은 여단장을 존경했던 것으로 기억된다.

장세동 전 안기부장과 전두환 전 대통령의 운명적 만남

장세동 대위(전 안기부장)는 1966년 맹호 1연대 3중대장으로 베트남에 파병되었다. 어느 날 중대를 이끌고 베트콩 소탕작전에 투입되었다. 이 작전에서 어깨에 총상을 입고도 진두지휘하여 베트콩 43명을 사살했다. 중대원들도 부상자가 발생했다. 그때 지원부대가 도착하여 중대장인 자신부터 후송하려 하자 그는 권총을 뽑아 들고 외쳤다. "내 부하들부터 치료하라. 나는 맨 나중에 돌봐 달라."라고 소리쳤다.

이때 마침 전두환 중령(전 前 대통령)은 국방부의 지시를 받고 '육사 출신들이 너무 몸을 사린다.'는 첩보를 조사하기 위해 베트남으로 파견되었다. 전 중령은 장 대위의 활약상을 전해 듣고 곧장 병원으로 찾아가 "너야 말로 참군인"이라며 격려해 주고 돌아갔다. 이때 장 대위를 처음 보았다.

그런데 이후 전두환 중령은 장세동 대위가 귀국하기도 전인 1967년 11월에 자기가 대대장으로 있는 수경사 30경비대대 작전장교로 미리 보직 명령을 내놓았다. 베트남에서 받은 좋은 인상 때문이었다. 이렇게 두 사람은 상관과 부하 관계로 운명적인 첫 만남이 시작되었다. 그 후 두 사람은 파월 백마 29연대 연대장과 정보주임 관계, 특전사 1공수여단 여단장과 대대장 관계, 청와대에서 대통령과 경호실장 관계 등 7년 8개월 동안 상관과 부하 관계로 동고동락했다.

전 前 대통령에 대한 장세동 전 안기부장의 의리

전 前 대통령과 장 전 안기부장의 나이 차이는 다섯 살, 육군사관학교는 5년 후배다. 두 사람 사이는 군 생활을 통해 상명하복 관계를 뛰어넘는 군신 관계가 형성되었다. 그가 전 前 대통령에게 어떻게 충성하고 의리를 지켰는지 살펴보자.

장 전 안기부장이 전 前 대통령에게 보인 충성과 의리는 사람들을 놀라게 할 정도였다. 사람들은 '그를 전두환의 충복'이라 했다. 무엇이 그렇게 하도록 했는지 그의 말을 들어 보자. "인간관계는 무형의 것이기 때문에 숫자나 양으로 잴 수 없다. 그분은 나에게 여러 형태의 가르침을 줬다. 첫째는 정이 담뿍 담긴 격려와 충고의 말씀이 있었고, 또 내가 소화시키지 못할 정도의 꾸짖음과 채찍질이 있었고, 마지막으로 그분의 행동과 체취에서 풍기는 무형적인 교훈이 있었다. 내게 영향을 준 것은 무형적 교훈, 채찍질, 충고의 말씀 이런 순이었다. 이런 것들이 종합돼 그분의 은혜에 대해 반사적으로 내가 할 수 있는 최대의 정성과 충성을 다 바쳤다."라고 했다.

그는 청와대 경호실장과 안기부장으로 재직할 시절에는 대통령 경호가 단순히 신변보호 차원을 넘어 대통령의 심기까지 편안케 해야 한다는 이른바 '심기경호'를 펼친 것으로 유명하다. 대통령의 마음이 편안해야 국정도 잘 되니 심기까지도 경호해야 한다는 뜻으로 그가 만들어 낸 신조어다. 실제로 그는 대통령이 산책하다 돌부리에라도 걸리면 심기가 불편해질 수 있다며 도로 평탄작업을 지시하고, 그것도 성에 안 차 산책로에 쌓인 새똥까지 녹여 낼 수 있는 약품을 개발하라는 지시도 했다고 한다.

또 대통령이 호출하면 5분 이내로 도착할 수 있게 항상 대기했으며, 갈 때는 머리 손질과 대통령이 쓰는 것과 똑같은 향수를 뿌리고, 상의 양쪽 호주머니에는 지도와 메모용 수첩을 반드시 지참했다. 깔끔하고 단정한 외모로 대통령의 심기를 편안하게 하고 수행 중에 대통령이 무엇을 물으면 즉시 대답하기 위해서였다. 이 모든 게 대통령의 심기를 고려한 행동이었다.

그는 전 前 대통령이 퇴임한 후에도 충성심은 변함없었다. 5공 비리 때문에 네 번의 옥살이를 했는데, 그때 "어른을 구속하려 들 경우에는 내가 역사의 수레바퀴에 깔려 죽는 한이 있더라도 막을 것이고, 그러지 못한다면 나는 어른의 뒤를 따라가겠다."라고 하며 전 前 대통령을 끝까지 보호했다.

또 그는 청문회에 나가 "사나이는 자신을 알아준 사람을 위해 죽는다.", "용팔이 사건에는 나 이상의 배후가 없다."라는 발언을 해 언제나 전 前 대통령을 향한 깊은 충성심을 보여 청문회 스타가 되기도 했다. 그리고 교도소에서 출소하면 곧장 전 前 대통령을 찾아가 "신고합니다. 각하! 휴가 잘 다녀왔습니다."라고 인사했다는 일화도 유명하다.

그는 자신을 알아준 주군(主君)을 위해 목숨을 걸었고, 주군이 대통령이 된 후에도, 퇴임한 후에도 주군을 위해서라면 언제나 자신을 버렸다. 평소에도 "어른이 가는 곳이면 어디든지 따라가겠다."라고 했던 그는 지금도 언제나 주변 인사들에게 말한다고 한다. "내가 어찌 어른을 배신할 수 있겠는가?" 그는 지금도 전 前 대통령이 가는 곳이면 어디든지 함께한다.

문 대표의 의리 VS 장 전 안기부장의 의리

지금까지 두 사람이 두 대통령에게 어떻게 의리를 지켰는지 보았다. 두 사람은 비슷한 점이 많다. 모신 분들과의 나이 차이와 선후배 연차가 비슷하다. 게다가 특전사 출신이라는 것도 공통점이다. 특전사 출신답게 주군에게 충성을 다한 것도 비슷하다. 그러나 두 대통령의 성향과 두 사람의 기질에 따라 주군에 대한 의리는 다소 차이가 있어 보인다.

그 차이를 문 대표도 인정하는 듯하다. 김정운 교수의 저서 『남자의 물건』에는 김 교수가 문 대표를 인터뷰한 내용이 나온다. "경상도 싸나이의 의리에 관해서 내가 물었다. '노무현에게는 문재인이 있다. 전두환에게는 장세동이 있다. 문재인의 의리와 장세동의 의리는 같은 거냐, 다른 거냐?' 그랬더니 노무현 대통령에 대한 자신의 의리가 어디까지인지를 아주 명확하게 이야기한다. '장세동. 그 양반은 그냥 한 개인의 의리를 잘 보여줬지요. 그런데 저는 요즘 제가 노 대통령에 대한 의리, 그 의리는 노무현재단 이사장으로 충분히 다한다고 생각해요.

2012년 6월 24일 서울 상암동 월드컵공원에서 '특전사 전우회' 주최로 열린 '6·25 상기 마라톤대회'에 참석해 문 대표와 장 전 안기부장이 악수하고 있다.

거기까지가 제가 그분에 대한 의리로 해야 하는 일이라고 생각해요. 지금 그분에 대한 의리와는 다른 차원의 일을 하는 거예요.'라고 했다." 이것이 문 대표의 의리다.

그러면 장 전 안기부장의 의리는 어떤 것이었나? 한마디로 절대충성이라 할 수 있다. 그런 그의 의리를 보면 "머리가 있는 충성은 충성이 아니다."라는 말이 생각난다. 최인호의 역사소설을 보면 이런 대목이 나온다.

신궁이라 할 정도로 활솜씨가 좋은 성주가 있었다. 그는 활솜씨가 좋은 궁사 99명을 뽑아 자신의 그림자처럼 훈련을 시켰다. 그가 활을 들면 동시에 활을 들고 시위를 당기면 똑같이 시위를 당기고 그가 화살을 겨누는 방향으로 99개 화살이 겨누어지도록 끊임없이 훈련을 시켰다.

어느 날 그는 자기 부하들의 충성심을 시험해 보기로 했다. 그는 마당에서 꽃을 돌보고 있는 그의 애첩을 향해 화살을 겨누었다. 당연히 99명의 궁사들도 훈련한 대로 화살을 겨누었다. 그는 서슴없이 애첩을 향해 화살을 당겼다. 애첩은 화살을 맞고 고슴도치처럼 되어 죽었다. 그런데 궁사 한 명이 화살을 쏘지 않았다. 성주가 이유를 묻자 그는 주군의 애첩이 죽으면 주군의 슬픔이 너무 클 것 같아 쏘지 않았다고 했다. 성주는 자기 명령을 따르지 않은 궁사를 죽였다. 생각하는 부하는 필요 없다는 것이다. 다시 말해 머리가 있는 충성은 충성이 아니라는 것이다.

장 전 안기부장은 시종일관 절대적인 충성심을 보였다. 그래서 사람들은 그의 의리를 보고 환호하면서 '의리의 사나이 돌쇠', '그림자 인생'이라는 별명을 붙여 주었다. 사람이란 기본적으로 자기중심적인 속성을 가졌기 때문에, 결정적인 위기의 순간에 남을 먼저 생각해서 자기의 이익에 반하는 행동을 한다는 것은 대단히 어렵다. 그런 면에서 그가 보여준 본능에 반하는 한결같은 의리가 사람들에게 감동을 주었던 모양이다.

4. 의리를 소중히 여겨라

의리의 사전적 의미는 세 가지다. ① 사람으로서 마땅히 지켜야 할 도리, ② 사람과의 관계에서 지켜야 할 바른 도리, ③ 남남끼리 혈족 관계를 맺는 일이다.

첫 번째 의미는 유교에 바탕을 두고 있다. 그래서 의리를 군자의 덕목으로 삼았다. 즉 의리로 살면 군자요 그렇지 못하면 소인이다. 공자는 이렇게 말했다.

"군자는 의리에 밝고 소인은 이익에 밝다." 즉, 군자는 무슨 일을 할 때 의(義)에 비추어 생각해 본 다음 실천에 옮기지만, 소인은 이익에 비추어 보고 행동을 한다는 뜻이다.

따라서 소인의 행동 원리는 군자와 달리 이익이라 할 수 있다. 그래서 원망을 사는 일이 많게 된다. 사회가 발전함에 따라 군자다운 사람보다는 소인 같은 사람이 늘어 가는 것 같다. 사회 특성상 어쩔 수 없는 것일 수도 있겠지만, 좀 더 군자다운 면모를 갖추도록 자신을 돌아보는 노력이 필요하다. 의리를 소중히 여겨야 할 때다.

순자는 이런 말을 했다. "의리를 앞세우고 이익을 뒤로하는 사람은 영예롭게 되고, 이익을 앞세우고 의리를 뒤로하는 사람은 치욕을 받게 된다. 영예로운 사람은 항상 통달하고, 치욕을 받는 사람은 항상 궁색한 것이다. 통달한 사람은 항상 남을 제압하지만 궁색한 사람은 항상 남에게 제압을 당한다. 이것이 바로 영예와 치욕의 구분이다."

세상에 이익을 싫어하는 사람은 없다. 하지만 옳지 못한 이익을 취하면 재앙이 미치게 된다. 그러므로 이익을 보면 옳은 것인지 아닌지를 먼저 생각할 줄 알아야 한다. 우리는 세월호 참사 때 옳지 못한 이익을 취한 사람들 때문에 생긴 재앙과 그 재앙을 부른 파렴치한들이 당하는 치욕을 똑똑히 보았다. 이를 보면서 우리 사회에 의리가 얼마나 중요한지를 깨달았다.

두 번째 의미는 사회생활을 영위하는 데서 타인에 대한 도덕적인 룰(rule)이다. 즉 부자관계, 주종관계, 사제관계 등 상하관계와 친구, 이웃 등 대등관계에서 지키지 않으면 안 되는 도의나 모럴(moral)이다. 예를 들면 '다른 사람에게 은혜를 입었다면 반드시 보답한다.'라는 것과 같이 그것을 지키지 않으면 의리가 없는 것이 된다.

공자는 이렇게 말했다.

"성인은 칠정(七情)을 다스리고 십의(十義)를 닦으며, 신의를 익히고 친목을 행하며, 사양하는 마음을 숭상하고 다투어 물건을 빼앗는 마음은 버려야 한다."

공자가 말한 다스리고 닦으라는 칠정과 십의는 무엇인가?

사람에게는 일곱 가지 인정, 즉 칠정이 있다. 기뻐하는 것, 노여워하는 것, 슬퍼하는 것, 두려워하는 것, 사랑하는 것, 미워하는 것, 욕심내는 것이다. 이는 배우지 않아도 저절로 생기는 감정이다.

『예기(禮記)』에는 사람의 본분에 따라 지켜야 할 열 가지 의리, 즉 십의를 들고 있다. "부모는 자식을 사랑하고, 자식은 부모에게 효도하며,

형은 어질고, 동생은 공경하며, 남편은 의리가 있고, 아내는 남편을 따라가야 하며, 어른은 아이에게 은혜를 베풀고, 아이는 어른에게 순종하며, 임금은 인자해야 하고, 신하는 임금에게 충성해야 한다."라는 것이다.

의리를 지키며 사는 것은 자기의 감정을 다스리고 자기 본분을 다하는 것이다. 세상을 살면서 이를 지키기란 말처럼 쉽지 않다. 그러니 공자의 말대로 정을 다스리고 의를 닦으며, 신의를 익히고 친목을 도모하며, 도리에 맞지 않으면 사양하고 남의 것을 탐하는 마음을 버리는데 노력해야 한다.

세 번째 의미는 좀 특수한 경우다. 우리는 흔히 호형호제(呼兄呼弟)하는 것을 많이 본다. 그런데 이런 관계가 긍정적인 측면보다 부정적인 측면이 더 많았다. 예컨대 범죄조직과 폭력조직 그리고 비리집단 내에서 일어나는 것이 대표적 사례다. 조폭과 같이 자기들끼리 호형호제하면서 똘똘 뭉쳐 반사회적인 악을 행하는 것을 두고 말하는 것이다. 이는 진정한 의리가 아니다.

그러나 의부모와 의형제의 의를 맺어 도리를 다하는 사례 또한 많이 본다. 따라서 남남끼리 혈족의 관계를 맺는 것은 그 목적이 중요하다. 의로운 관계로 출발하면 사회의 귀감이 되지만, 불순한 의도로 맺어지면 사회악이 된다. 우리가 경계해야 할 의리이다.

서두에서 말했듯이 우리 사회는 지금 의리가 필요하다. 그래서 고위 공직자든, 정치인이든, 경제인이든, 언론인이든, 평범한 사람이든 누구에게나 의리의 실천을 요구하고 있다. 그러기에 누구를 막론하고 의리를 소중히 여겨 정의가 살아 있는 사회, 윤리와 도덕이 바로 선 사회, 법과 질서가 지켜지는 사회가 되게 해야 할 때다.

1. 공자가 말한 "군자유어의 소인유어이(君子喩於義 小人喩於利)", 즉 군자는 의에 밝고, 소인은 이익에 밝다는 말을 생각하며 군자다운 면모를 갖추자.

자신에게 다음과 같은 질문을 던져 보고 스스로 평가해 보자.

- 의를 따라 생각하는가, 이익을 따라 생각하는가?
- 어떤 일을 판단하고 결정할 때 그것이 옳고 그름을 기준으로 삼는가?
- 손해를 보더라도 옳지 않으면 행하지 아니하는가?
- 억만금의 이익에도 옳지 않으면 행하지 아니하는가?
- 아무리 옳은 일이라도 손해가 나면 행하지 아니하는가?
- 친구를 사귈 때 나의 이로움을 바라는가?

2. 의리는 고귀한 행위이다. 무슨 일을 결정하거나 실행할 때 다음 질문을 해보고 '그렇다'라는 답이 나올 때 결정하거나 실행하자.

- 상대방에 대해 정의로운 것인가?
- 과거나 현재, 미래에 대한 보은적(報恩的)인 것인가?

- 윤리와 도리를 지키며 책임과 의무를 성실히 이행하는 것인가?
- 자신의 이익을 버리고 대의를 따르는 것인가?
- 나에겐 현재와 장래를 보장받을 수 없는 것이지만 공의를 위하는 것인가?
- 의롭고 떳떳한 행위자로 평가받을 수 있는 것인가?
- 의리 있는 자로 칭송받을 수 있는 명예로운 것인가?
- 상대를 위하여 자신을 희생하는 고귀한 것인가?
- 자신의 이상과 이념을 실현하는 자의적인 것인가?

3. 눈앞의 이익을 보거든 먼저 그것을 취함이 의리에 합당한지를 생각하자.

재물이나 이로운 것이 생기면 그것이 정당한 것인지를 생각하고 의리를 분명히 따져야 한다. 그리고 의리에 합당한지를 알고 난 후에 비로소 이득을 취해야 한다. 다시 말해 견리사의(見利思義)해야 한다.

Lesson 8.

[희 생] 희생하는 리더가 되라

모든 위대한 사람들의
발자취를 보라.
그들이 걸어온 길은 고난의 길이며
자기희생의 길이었다.
자기를 희생할 줄 아는 사람만이
위대해질 수 있다.

-G. E. 레싱(독일 극작가)

1. 희생은 리더십의 핵심이다

지금 대한민국은 '자기희생 리더십'을 배우자는 열풍으로 이순신 愛에 빠져 있다. 지난 2014년 7월 30일 개봉한 영화 「명량」이 한국 사회에 돌풍을 일으키며 이순신 신드롬을 몰고 왔기 때문이다. 이 영화는 개봉 12일 만에 1천만 관객을 돌파했다. 하루에 1백만 명이 넘는 사람들이 영화관을 찾았다는 얘기다. 이순신의 자기희생 리더십이 한국인들을 사로잡고 있는 것이다. 정치권과 관가, 재계에도 이순신 열풍이 불고 있단다. 박근혜 대통령과 각 부처 장관, 재계 CEO들이 잇따라 단체관람을 하며 '이순신 본받기'에 나섰다고 했다.

왜 이 같은 이순신 신드롬이 나타나고 있을까?

최근 세월호 참사에 제대로 대응하지 못한 지도층에 대한 불신과 오랜 불황에 따른 실망감이 이순신 열풍으로 이어지고 있다는 분석도 있다. 대중문화평론가 하재근 씨는 "사회 지도층에 대한 불신이 클 뿐만 아니라 경기 침체로 고통받는 국민도 많다."라며 "이런 위기일수록 국민은 우리나라를 이끌어 줄 강력한 지도자를 원하는 것 같다."라고 말했다.

　필자도 이런 현상이 생기는 이유는 그만큼 우리 사회가 자기를 희생하는 리더를 갈구하고 있다는 반증이라고 본다. 희생이 뒤따르지 않는 리더십은 진정한 리더십이 아니다. 성웅 이순신 장군과 같이 '필사즉생'의 정신으로 솔선수범하는 리더십이 진정한 리더십인 것이다. 그래서 희생은 리더십의 핵심이다.

세월호와 함께 침몰한 대한민국의 희생정신

　온 나라를 충격에 빠뜨린 세월호 참사를 생생히 기억할 것이다. 이 어처구니없는 사고에서 그야말로 상식 이하의 일이 벌어졌다. 선장을 비롯한 승무원들은 비인간적인 행동을 보였다. 특히 승객의 안전을 책임진 선장이 500명이 넘는 승객을 뒤로한 채, 자기만 살겠다고 속옷 차림으로 구조선에 오르는 모습은 온 국민의 공분을 사기에 충분했다.

　세월호 참사는 마땅히 희생을 감수해야 할 선장과 승무원들의 자기희생 부재로 인해 엄청난 비극을 낳았다. 우리는 그들에게 분노하는 수준을 넘어 악마라고 불러도 시원치 않을 정도로 분개했다. 이 사건을 보면서 우리는 희생하는 리더십의 필요성을 절감했다. 그래서 블랙베레의 희생정신이 더욱 귀하게 여겨진다.

　특전용사들은 '충성, 명예, 단결'을 부대훈(訓)으로 삼고, "우리는 충성 한 가닥에 목숨을 걸고 … 비굴하지 말고 멋있게 살자."라는 신조를 가슴에 품고 산다. 그래서 그들은 조국이 부르면 언제든지 자기희생으로 충성한다.

만약 세월호 선장과 승무원들이 블랙베레처럼 승객들에게 충성하였더라면, 많은 인명을 구했을 뿐 아니라 그들의 명예도 지켰을 것이다. 그러나 그들은 자기 몸뚱이 하나 살리겠다고 인간의 도리를 저버렸다. 정말 통탄하지 않을 수 없다.

타이타닉호의 선장과 승무원들은 달랐다

타이타닉호의 선장과 승무원들은 어떠했는가? 그들은 희생정신으로 최선을 다해 승객을 구했다. 에드워드 존 스미스 선장은 퇴선 명령을 내리고 승객의 탈출을 지휘하다 배와 함께 운명을 같이했다. 항해사들 역시 승객의 탈출을 돕다 배와 함께 침몰했다. 기관장과 기관사들도 마찬가지였다. 마지막 순간까지 전기를 작동시켜 탈출을 돕다 전원 배와 함께 최후를 같이했다. 그들은 하나같이 자기희생의 리더십으로 책임을 다했다. 에드워드 선장의 마지막 말은 승무원들이 책임을 다했음을 보여준다.

"제군들아 수고했다. 자네들은 임무에 최선을 다했다. 나는 자네들에게 더이상의 것을 요구할 수 없구나! 자네들의 임무는 이제 완전히 끝났다. 바다가얼마나 험한 곳인지 잘 알 것이다. 이제 자네들의 살길을 찾아라. 신의 가호가 있기를 ……."

우리와는 너무도 다르다. 우리는 왜 그러지 못하는가? 우리 모두 스스로를 돌이켜 봐야 한다. 나에게도 과연 자기희생의 정신이 있는지 말이다.

세월호 참사 때 희생의 리더십이 있었나

희생이란 다른 사람이나 어떤 목적을 위해 자신의 목숨·재산·명예·이익 따위를 바치거나 버리는 것을 말한다. 리더십은 무리를 다스리거나 이끌어 가는 지도자로서의 능력이다. 그렇다면 희생의 리더십은 다른 사람이나 어떤 목적을 위해 자신의 소중한 것을 바쳐 조직을 이끌어 가는 지도자로서의 능력이라 할 수 있다. 이러한 희생의 리더십을 발휘하기 위해서는 솔선수범과 자기희생이 필수적으로 따라야 한다.

이런 일화가 있다. 아이젠하워 미국 대통령에게 친구가 리더십이 뭐냐고 물었다. 아이젠하워 대통령은 실을 책상 위에 갖다 놓고 친구에게 '당겨 보라'고 했다. 그러자 실이 당겨져 팽팽해졌다. 이번엔 친구에게 '이걸 한번 밀어 보라'고 했다. 그러나 아무리 해도 실은 밀리지 않았다. 아이젠하워 대통령은 리더십이 뭐냐고 물은 친구에게 리더십은 자기가 앞장서서 솔선수범하고 자기희생을 하는 데서 나온다는 것을 보여주었던 것이다.

그런데 세월호 참사 때나 사후처리 과정에서 대한민국에는 희생의 리더십을 볼 수 없었다. 누굴 꼬집어 지칭할 수도 없다. 사회 전반에서 일어난 현상이다. 그중에서도 정·관계의 리더들이 더욱 그러했다. 국가적 재난이 일어났을 때 리더들의 자기희생이 절실히 요구되었지만 누구 하나 솔선수범하는 모습을 보여주지 못했다.

서울대학교 행정대학원 김순은 교수는 지금의 대한민국은 국가 개조와 정부 혁신이 필요한데, 이를 실현하는 데는 사회지도층의 양보가 있어야 가능함을 강조했다. 그러면서 자신이 30년 전 군 생활을 할 때 한 선임병의 러더십을 소개하면서 정·관계 리더들이 희생의 리더십을 발휘해 줄 것을 주문했다. 그의 말을 들어 보자.

"병영 내 구타 근절에 대한 장 상병의 뚜렷한 의지와 리더십이 있었다. 나와 동갑이었던 장 상병은 언제나 일병들에게는 인자하고 자상한 형이었으며, 구타 근절이라는 명분을 위해 동기들의 의견을 조정하는 훌륭한 리더였다. (중략) 장 상병이 보여 준 '희생의 리더십'은 미시적인 관점에서 보면 부대 내의 가혹행위를 방지하는 데 유용할 것이며, 거시적인 관점에서는 우리가 처해 있는 다양한 현안에 대처하는 데 매우 긴요하다. 지금과 같은 국가적 난제를 해결하는 데에는 장 상병이 보여 준 희생의 리더십이 어느 때보다 필요하다. 국가 개조와 정부 혁신은 국회의원, 장·차관, 고위 공무원들의 양보와 희생이 없이는 불가능할 것이다. 현재 여당을 중심으로 기득권 내려놓기가 한창 논의 중이다. 이러한 논의가 논의에 그치지 않고 정치와 행정권의 실행으로 이어져 국민들이 느낄 수 있을 정도가 되어야 한다. 장 상병이 보여 주었던 고귀한 희생의 리더십이 국가의 미래를 위해 절실하게 요구된다."

김 교수가 지적했듯이 우리가 경계하는 것은 리더들의 솔선수범과 자기희생이 없다는 점이다. 국가적 재난이 닥쳤을 때 자기 소임은 다 하지 않은 채 남을 탓하고, 자기 살 궁리만 하는 행태는 이제 그만하라는 것이다.

젊은이들이여! 잘 보았는가? 그리고 느꼈는가? 여러분은 장차 이 나라의 주인이다. 여러분은 달라야 한다. 그래야 미래와 희망이 있다. '견리사의 견위수명(見利思義 見危授命)'이란 말을 가슴에 새겨 보자. 이익을 보거든 정의를 생각하고 위태로움을 보거든 목숨을 바치라는 뜻이다. 안중근 의사가 나라의 앞날을 걱정하며 뤼순(旅順) 형무소에서 쓴 글귀다.

그래도 우리는 희망을 보았다

세월호 참사의 위기 속에서도 우리는 희망을 보았다. 스물을 갓 넘긴 젊은이들이 보여 준 살신성인의 희생정신이다. 다른 사람을 위해 자신의 목숨을 바친 고 박지영 씨 등 4명의 의사자들이 있었다. 그분들의 명복을 빈다.

승무원 고 박지영 씨는 혼란에 빠진 승객들을 안심시키며 구명조끼를 나눠 줬다. 조끼가 모자라자 자신이 입고 있던 구명조끼마저 여학생에게 벗어 주며 "나는 너희들 다 구조하고 나갈 거야."라고 했다. 그리고 끝까지 승객을 구조하다 결국 나오지 못했다.

그리고 아르바이트생 고 김기웅 씨와 사무직 고 정현선 씨는 학생들의 구조를 돕고, 선내에 남아 있는 승객들을 구하려다 목숨을 잃었다. 둘은 결혼을 앞둔 커플이어서 우리의 가슴을 더욱 아프게 했다.

또한 고 양대홍 사무장은 배가 침몰하는 급박한 순간에 부인과의 통화에서 부인이 "지금 상황이 어떠냐?"라고 묻자 "지금 아이들 구하러 가야 돼. 길게 통화 못 한다."라고 했다. 그리고 아르바이트생 송 모 씨와 조리 담당 김 모 씨를 구하고 자신은 끝내 숨진 채 발견됐다.

세월호 참사가 우리에게 준 교훈은 사회정의와 희생정신이었다. 그래서 그분들의 희생이 더욱 고귀하다. 이 같은 의사자(義死者)들이 있어 우리 사회가 그나마 지탱되고 있는 것 같다. 반면에 지도층들은 이번 사건을 반면교사(反面教師)로 삼아야 할 것이다.

2. 블랙베레의 영웅, 당신의 희생은 영원하리라

"하늘을 내 집 삼아 연마한 기술 공수단의 자랑은 이것이었다.

전우의 낙하산을 펴 주고 나서 유성처럼 사라져 간 이원등 상사.

그대는 하늘에 핀 한 송이의 꽃, 길이길이 향기롭게 피어 있거라!"

고 이원등 상사의 희생을 기리는 특전사 군가다.

특전용사의 희생정신을 보라! 그들은 조국을 위해, 의(義)를 위해 목숨을 아끼지 않는 사나이들이다. 우리는 세월호 참사를 겪으면서 희생정신의 중요성을 실감했다. 그러기에 블랙베레의 희생정신을 더욱 가치 있게 생각한다. 여기 특전사의 영웅 고 이원등 상사가 보인 살신성인의 희생정신이 우리 가슴속에 영원히 살아 숨 쉰다.

의지와 책임감이 강한 사나이

고 이 상사는 1934년 경북 경주에서 태어났다. 4살과 12살에 부모님을 잃고 고아가 되었지만, 혼자 힘으로 고등학교 2학년까지 마치는 의지가 강한 소년이었다. 그는 23세에 군에 입대해 직업군인의 꿈을 키웠다.

그는 1공수단 소속이었다. 공수교육을 마치고 미국 '포트리 군사학교'에서 낙하산 정비교육을 수료했다. 한국 최초의 스카이다이버가 된 것이다. 그리고 강하기록 152회의 강하 베테랑이었으며, 책임감이 강한 사나이였다.

강하조장의 책임을 다하다

1966년 2월 4일 강하가 있던 날, 기온은 영하로 떨어졌으나 맑게 갠 하늘은 고공강하하기에 좋은 날씨였다. 그는 강하조장으로서 6명의 대원과 함께 김포 비행장으로 향했다. 그는 여느 때와 같이 낙하산을 착용하고 6명의 조원들 장비를 점검했다. 전부 이상 없었다. 마음속으로 강하가 무사히 마칠 수 있도록 기원했다.

다시 한 번 더 안전점검을 한 후 C-46 수송기에 올랐다. 비행기는 김포공항을 한 바퀴 선회한 다음 한강을 향해 기수를 돌렸다. 예비낙하산에 부착된 고도계가 4,500피트를 가리켰다. 그는 아래를 보았다. 하얀 눈에 덮인 한강 백사장이 마치 돌아가신 어머니의 모시 치마처럼 고왔다. 불현듯 어머니 생각이 났다. 비행기는 그의 마음은 아랑곳하지 않고 예정된 강하지역 상공으로 진입했다. 대원들에게 "강하 6분전." 구령을 내렸다.

비행기는 강하지역으로 점점 접근해 갔고, 그는 강하표지를 확인하기 위해 지면을 살폈다. 표지가 시야에 들어오자 대원들을 스탠바이(강하준비)시켰다. 드디어 그는 "Go! Go!" 강하 명령을 내렸다. 6명의 대원은 차례로 창공에 몸을 날려 자유강하를 시작했다. 모두 정상인 것을 확인하고 그도 마지막으로 뛰어내렸다.

한 송이 백장미가 되어 조국 하늘에 영원히 피다

그는 아래를 보며 대원들을 다시 살피던 중 대원 한 명이 빙글빙글 돌며 떨어지고 있는 것을 발견했다. 그는 본능적으로 그쪽을 향해 날아갔는데, 강하자는 정신을 잃고 추락하고 있었다. 그는 사고자에게 다가가 낙하산 개방 손잡이를 찾아 뽑았다. 곧바로 낙하산이 펴지고 사고자는 생명을 구했다.

하지만 그는 절망의 순간을 맞았다. 대원의 낙하산을 펴 주는 과정에서 오른팔이 부러지고 말았다. 그래도 그는 사력을 다해 가까스로 낙하산 개방 손잡이를 당겼다. 그러나 그때는 고도가 너무 낮아 낙하산이 펴지기도 전에 2m 두께의 한강 얼음판으로 추락하고 말았다. 안타까운 순간이었다.(당시는 한강 모래사장이 강하훈련장이었다.)

여러분은 이해가 잘 안 될 것이다. 공중에서 맨몸으로 떨어지면서 어떻게 먼저 뛰어내린 사람에게 다가가 대신 낙하산을 펴 줄 수 있는지? 하지만 충분히 가능하다. 이미 앞에서 설명한 바 있듯이 자유낙하하면서 공기저항을 이용하면 떨어지는 속도를 조절할 뿐 아니라 상당한 거리까지 날아갈 수도 있다. 그래서 가능하다. 그래도 미심쩍으면 인터넷에서 '스카이다이빙'이라고 쳐 보라. 동영상을 보면 실감할 수 있을 것이다.

그는 대원의 생명을 구하고 자신은 서른 살의 나이에 한 송이 꽃이 되어 조국 하늘에 피었다. 누가 이를 숭고하다 하지 않겠는가! 국가는 그의 희생정신을 기려 보국훈장 삼일장을 추서하고 중사에서 상사로 특진시켰다.

그의 살신성인의 미담은 1971년 초등학교 『바른 생활』 교과서에 실려 후세들에게 교훈으로 삼게 했다. 또한 그의 희생정신은 지금도 수많은 블랙베레로부터 영원한 하늘의 꽃으로 추앙받고 있다. 그는 동작동 국립현충원에 고이 잠들어 있다. 삼가 고인의 명복을 빈다.

당신의 아내가 당신께 드리옵니다

고 이원등 상사 묘비 앞에 결혼 6개월 만에 남편을 잃은 고인의 아내가 시 한 수를 바쳤다.

"산산이 부서진 이름이여!
허공중에 헤어진 이름이여!
불러도 주인 없는 이름이여!
부르다가 내가 죽을 이름이여!
(…중략…)
선 채로 이 자리에 돌이 되어도
부르다가 내가 죽을 이름이여!
사랑하던 그 사람이여!
사랑하던 그 사람이여!"

고인의 묘비 앞에 아내의 헌시가 새겨져 있다.

김소월의 시 「초혼(招魂)」이다. 고인을 잃은 아내의 슬픔이 애절히 묻어난다.

외로이 한강을 굽어보며 우뚝 선 우리의 영웅

육군은 1966년 6월 9일 한강 중지도 노들섬 가운데에 고 이원등 상사의 동상을 세웠다. 그러나 동상 바로 앞으로 한강대교가 지나가건만 그런 동상이 있다는 사실을 아는 사람이 거의 없다. 안타까운 일이다. 어쩐지 세월호 참사가 다시 떠오른다. 우리 선배들의 고귀한 희생정신이 잊혀 가고 있으니, 돌이켜 볼 일이다.

"비취옥보다도 더 푸른 아름다운 조국의 하늘,
이 하늘을 지키는 젊은 육군 용사 이원등,
바람찬 창공을 끊어, 죽음의 부하를 구하다.

오오, 대한민국의 군인, 이원등의 정신이여! 높은 의기여!
당신의 갸륵한 군인정신을 우리 모두 씩씩하게 받들어
이곳에 찬란한 구리 상을 세운다."

고 이원등 상사 동상에 바친 시인 박종화 선생의 헌시(獻詩)다.
그래도 그는 낙하산을 멘 채 꼿꼿이 서서 강하 준비 자세(Stand-by)

를 뜻하는 엄지를 치켜세우고 한강을
굽어보고 있다. 비가 오나 눈이 오나
외롭게 서 있는 그가 세월호 참사를
보면서 무슨 말을 했을지 궁금하다.

3. 스물일곱 블랙베레의 고귀한
희생

"만일 내가 죽거든

한강 중지도 노들섬에 세워진
고 이원등 상사 동상

내 시신은 까마귀에게 던져 주고,

내 영혼은 베레모 속에 …….

그리고 군번줄은 그리운 어머니에게 전해주오!

그리고 사랑하는 그녀에게는 이 한 마디만 전해주오!

사나이 태어나서 단 한 번의 죽음과 단 한 번의 사랑만이 존재할 뿐.

진정 당신만을 사랑하였노라고 ……."

이 글은 한 네티즌이 특전사 홈페이지 게시판에 고 윤장호 하사의
희생을 애도하며 올린 추모시를 인용했다. 먼저 삼가 고인의 명복을
빈다.

어릴 때부터 반듯하게 자란 나무랄 데 없는 청년

고 윤장호 하사는 서울 강서구에서 그다지 넉넉지 않은 집안의 2남 1녀 중 막내로 태어났다. 어린 시절부터 뛰어나고 성실한 소년이었다. 초등학교의 생활기록부에 따르면 전 교과 성적의 대부분이 '수'일 정도로 매우 우수했으며, 교사들로부터 뛰어나고 바른 태도를 지닌 모범적인 어린이로 평가받았다.

그는 중학교 1학년을 마치고 단신으로 미국 유학을 떠나 뉴욕에서 중학교와 고등학교를 졸업했다. 그는 고등학교 시절 우수한 학업성적과 적극적인 교내 활동으로 빌 클린턴 대통령상을 받기도 했다.

그리고 인디애나 대학교와 블루밍턴 주립 경영대학에서 국제경영, 국제금융, 회계학 학사 학위를 받았다. 이어서 켄터키주 남침례 신학대학원에 들어갔다. 그는 대학 시절 신앙심이 깊고 자립심도 강한 청년이었다.

그는 효심도 깊었다. 학업을 마치면 한국에 돌아와 부모님과 함께 살겠다고 하면서, 형과 누나가 모두 외국에 거주해 부모님만 한국에 있는 것에 대해 마음 아파했다. 실제로 어머니가 뇌출혈로 쓰러졌을 때는 삭발한 채 어머니의 쾌유를 빌며 밤낮으로 기도하는 효심을 보였다.

미국 유학 중 11년 만에 고국으로 돌아와 자원입대

그는 신학대학원 재학 중에 군 입대를 위해 2004년 12월 귀국했고, 이듬해 2005년 6월 입대했다. 병역 기피가 허다한 요즘 미국에서 귀국해 자진 입대한 것은 귀감이 되었다.

그는 영어 실력을 활용해 군에서 통역병으로 활동하고 싶었다. 그의 아버지에 따르면 "중학교 때 미국에 간 뒤 학업 때문에 한 번도 귀국하지 않은 아들이 군 입대를 위해 11년 만에 한국에 돌아왔었다."고 했다. 그리고 오래 떨어져 지낸데다 막내아들을 위험한 곳으로 보내기 싫어 가족들이 만류해 보았지만, 아들은 "이왕이면 나라에 도움이 되고 싶다."라고 하면서 결심을 꺾지 않았다고 했다.

그는 특전사 통역병으로 자원입대했고, 부대생활도 잘해 여러 차례 모범병사로 선정되기도 했다. 같이 근무했던 특전사 본부대 간부와 후배들은 그를 이렇게 기억했다. 교육지원담당관은 "부대생활에 모범을 보이는 병사였다."라고 칭찬했고, 후임병은 "중대에서 제일 나이가 많아 중대원들을 잘 이끌어 주었다."라고 했다.

그리고 1년 후 아프가니스탄에 파견되는 다산부대에서 지원병을 뽑는다는 사실을 알고 지원했다. 다른 젊은이들처럼 비교적 안전하게 군 생활을 할 수 있는 것을 마다하고 이역만리에서 고생스러운 길을 선택한 것이었다.

빈 라덴 잡으러 간다 … 갔다 오면 제대

고 윤 하사는 두 차례에 걸쳐 해외 파병을 지원했다. 그러나 뜻을 이루지 못했다. 하지만 포기하지 않고 다시 도전해 결국 세 번째에 성공했다. 그렇게 해서 2006년 9월 14일 다산부대 8진 요원으로 파병되었다. 다산부대 민사반 통역병 임무였다.

그는 아프가니스탄으로 파병되기 전 자신의 싸이월드 미니 홈피에 "라덴 잡으러 간다. 갔다 오면 제대!"라는 글을 남겼다.

그의 파병 생활은 의욕과 활기에 찬 나날이었다. 함께 근무했던 민사장교는 "그렇게 적극적이고 열심히 노력하는 병사는 처음 보았다."라고 하면서 "고 윤 하사 때문에 자신의 업무가 수월할 정도였다."라고 했다. 후배인 유 상병은 "항상 밝은 얼굴에, 힘든 업무가 있을 때 도와주려고 했었다."라고 하면서 "현지 적응에 힘들어하는 후배들을 다독여 주던 인간적인 선배였다."라고 했다.

그는 파병된 직후 부모님께 보낸 편지에서 "여기 생활은 괜찮아. 한국 식당이 와서 밥 해주는데 반찬도 많고 군대밥보다 맛있고 고기도 끼니마다 나와. 여기 위험한 거 하나도 없으니까 걱정하지 말구 6개월 동안 건강히 있다가 갈 테니까 그때 봐요. 그럼 나중에 전화할게! 2006. 9. 29. 아프가니스탄에서 막내 장호가."라고 썼다. 그런데 이게 무슨 날벼락인가?

안타까운 순직

2007년 2월 27일 현지 시각 오전 10시 20분에 아프가니스탄 카불 북동쪽 65*km* 떨어진 미 공군기지인 '바그람 기지' 정문에서 2명의 테러범이 연이어 자살폭탄테러를 벌였다. 이 사고로 23명이 사망하고 20명이 부상했다. 그중에 한국인이 한 명 포함되었는데, 바로 고 윤장호 하사였다.

당시 바그람 기지에는 한국군 다산 부대도 미군들과 함께 주둔하고 있었다. 사고가 일어날 때 고인은 정문에서 현지인들이 기술교육을 받기 위해 부대 안으로 들어오는 것을 안내하다가 그만 희생당했다. 전역을 3개월 남겨 두고 순직하여 우리의 가슴을 더욱 아프게 했다.

이 테러 사건은 빈 라덴이 기획한 탈레반의 테러였다. 테러범들은 그 시각에 딕 체니 미국 부통령의 방문이 계획되어 있다는 것을 알고 부통령을 살해할 목적으로 자살폭탄테러를 자행한 것이었다.

한국 정부는 고귀하게 순직한 고인을 병장에서 하사로 특진시키고 '인헌 무공훈장'을 추서했다. 미국 정부도 '동성무공훈장'을 추서했다. '동성무공훈장'은 미국 정부가 연합작전 수행 중 순직한 외국 군인에게 수여하는 최고의 훈장이다. 그리고 고인이 근무했던 부대에 2014년 6월 27일 고인의 추모비가 세워졌다.

특전사 국제평화지원단에 세워진 고 윤장호 하사 추모비

모두가 그의 희생을 아쉬워했다

그의 싸이월드 미니 홈피에는 추모객의 애도의 글이 쇄도했다. 대부분 젊은이들이었다. 그의 희생을 안타까워하면서도 결코 고귀한 희생을 잊지 않겠다고 했다. 박민규라고 밝힌 미니 홈피 추모객의 글이다.

"윤 병장님 아니 윤 하사님, 이 시대를 함께 살아가는 젊은 군인으로서 당신이 참 존경스럽습니다. 군인다운 모습으로 편안하게 가셨길 바랍니다. 비록 가족을 남기고 떠나시는 발걸음이 무겁겠지만, 당신이 꿈꾸던, 당신이 바라던 세상을 우리들이 더욱 열심히 만들도록 하겠습니다. 힘들었던 지난 기억들은 푸른 하늘 속 하얀 꽃잎과 함께 훌훌 날려 버리시고 편안하게 잠드시킬 빌겠습니다. 삼가 고인의 명복을 빌며 대한민국 군인으로서 당신이 참 자랑스럽게 느껴지고 한쪽 가슴에 무거운 눈물이 흘러내리는 마음입니다. 당신의 모든 기억들을 추모드리며……."

4. 희생하는 리더가 되라

희생정신이란 '다른 사람이나 어떤 목적을 위해 자신의 목숨·재산· 명예·이익 따위를 바치거나 버리는 정신'이라고 정의한다. 우리는 남을 위해 자신의 재산이나 명예, 이익은 버릴 수 있다 하더라도 자기의 목숨까지 바치기는 쉽지 않다. 그러나 특전용사들은 다르다.

그들은 "나는 충성의 검은 베레, 국민과 국가에 헌신한다."라는 특전부대 신조를 가슴에 새기고 산다. 또한 그들은 국민과 국가를 위해 충성 한 가닥에 목숨을 거는 희생정신을 실천한다. 살신성인한 고 이원등 상사와 자유를 지키다 산화한 고 윤장호 하사 같은 특전영웅들! 그들이 아니고서야 조국을 위해 누가 감히 자기 목숨을 바친단 말인가!

우리는 지난 4월에 있었던 세월호 참사를 보면서 우리 사회에 희생정신이 얼마나 절실히 필요한지를 가슴으로 느낀 바 있다. 희생정신은 우리가 실천해야 할 귀중한 덕목이다. 동서고금을 막론하고 위인이나 성공한 사람들의 공통점은 희생정신이 남달랐다. 자기를 희생하는 것은 리더가 갖추어야 할 덕목이기 때문이다.

우리는 '리더'라고 하면 회장·사장·부장 등 조직을 이끄는 지도자만 리더라고 생각한다. 물론 그들은 리더임에 틀림없다. 그러나 꼭 지도자만 리더인 것은 아니다. 누구나 리더가 될 수 있고 리더십을 발휘할 수 있다. 여러분도 마찬가지다.

세월호 침몰 사고 때 고 박지영 씨를 보라. 그는 훌륭한 리더였고, 살신성인의 리더십을 보여 주었다. 그는 선객들이 구조선에 오를 수 있도록 돕다가 자신은 빠져나오지 못하고 목숨을 잃었다. 생존한 한 여학생의 진술에 의하면 그는 구명조끼가 부족해지자 입고 있던 구명조끼를 자기에게 건네주면서 "나는 너희들 다 구조하고 나갈 거야."라고 했다는 것이다. 정말 숭고한 희생이다.

남을 위해 목숨을 바치는 것은 최고의 희생이지만, 꼭 목숨을 바쳐야만 희생이 아니다. 일상에서도 얼마든지 남을 위해 희생할 수 있다. 배려심도 희생정신에서 나온다. 그러니 남을 배려하는 것도 희생이다. 재미있는 일화가 있다.

어느 날 갑자기 소나기가 쏟아졌다. 길 가던 사람들이 근처 가구점으로 비를 피해 들어갔다. 그중에 할머니 한 분도 있었다. 카펫에 빗물이 떨어졌다. 한 종업원이 나와 못마땅하게 할머니를 대하며 짜증을 부렸다.

그때 페리라는 종업원이 할머니에게 다가와 친절하게 말했다.

"할머니, 제가 도와드릴 게 있습니까?

할머니는 빙그레 웃으며 말했다.

"고맙지만 괜찮아요. 여기 잠깐 비를 피하고 있으면 곧 운전기사가 올 거예요."

페리가 할머니에게 의자를 갖다 주면서 편히 앉아 쉬기를 권했다. 할머니는 미소를 지으며 앉았다. 잠시 후 비가 그쳐 할머니는 페리에게 고맙다는 인사를 하고 떠났다.

몇 달 후 가구점 사장 앞으로 편지 한 통이 배달되었다. 스코틀랜드 별장의 가구를 그 가구점 상품으로 전부 바꾸겠다는 것과 함께 그 일을 페리 점원에게 맡겨 달라는 내용이었다. 게다가 자기 회사에 사무용품을 납품하는 일도 페리에게 맡겨 달라는 부탁이었다.

가구점 사장은 낯선 고객으로부터 거액의 주문을 받자 도대체 누군지 알아봤다. 그런데 놀랍게도 철강왕 카네기의 어머니였다. 알고 보니 몇 달 전 페리가 친절을 베푼 할머니가 바로 카네기의 어머니였던 것이다. 페리는 그때부터 카네기의 별장과 회사에 가구와 사무용품을 납품했다. 이게 전부가 아니다. 이 일이 계기가 되어 페리는 훗날 미국 철강업계에서 카네기 다음가는 거물급 인사가 되었다.

희생의 힘은 강력하다. 상대의 마음을 감동시켜 끌어당기기 때문에 예상치 않은 기회도 찾아온다. 그래서 성공을 원하는 사람은 남을 배려하고 자신을 희생하는 마음을 가져야 한다. 일화의 주인공 페리는 몸에 배인 작은 배려로 인생이 뒤집혔다.

여러분도 평소에 남을 배려하고 희생하는 습관을 길러 성공한 리더가 되길 바란다. 훌륭한 리더십의 핵심은 희생이라는 것을 잊지 말자. 최고의 리더가 되고 싶다면 기꺼이 희생을 감내할 수 있어야 한다. 블랙베레의 희생정신을 벤치마킹해 보라!

1. 희생하는 리더가 되려면 희생정신 함양에 노력하자.

희생은 다른 사람이나 어떤 목적을 위해 자신의 목숨·재산·명예·이익 따위를 바치거나 버리는 것이다. 여러분은 희생을 감수할 준비가 되어 있는가? 자기가 속한 공동체의 공익을 위해 권리나 이익을 포기하겠는가? 만약 'NO'라면 희생의 의지가 약한 것이다. 이렇게 해보길 권한다.

* 봉사활동에 참가하여 봉사를 통해 나누는 기쁨을 체험해 보라.
* 주변에 헌신과 배려심이 많은 사람과 함께하면서 그들의 희생을 관찰해 보라.
* 책을 통해 위인들이나 성공한 사람들의 이야기를 읽고 배워 보라.
* 의도적으로 가까운 이웃에게 친절을 베풀어 보라. 희생도 습관이다.

2. 희생하는 리더가 되려면 먼저 자기에게 주어진 직분과 사명에 충실하자.

직장인이라면 주어진 일에, 학생이라면 공부에 충실해야 한다. 자기의 소명에 충실한 사람일수록 책임감이 강하다. 책임감은 희생정신으로 승화된다. 고 이원등 상사, 고 윤장호 하사, 고 박지영 씨를 보라. 그들은 하나같이 주어진 사명을 충실히 했다. 반면 세월호 참사에서 선장과 승무원들의 비인간적 행태는 책임감 부재에서 비롯되었다.

3. 진정한 희생은 어려운 상황에 직면했을 때 진가가 나타난다는 것을 기억하자.

다른 사람이 어려움에 처한 것을 보고 회피하지 마라. 망설이지 말고 도움의 손을 내밀어라. 지하철 승강장에서 취객이 선로 위로 떨어졌다고 가정하자. 주변에는 사람들이 많이 있다. 이때 주저 없이 선로로 뛰어내려 구출하는 사람이 있는가 하면 구경만 하는 사람도 있다. 희생하는 사람과 그렇지 못한 사람이 갈리는 순간이다.

인생은 뒤집힐 수 있다

필자는 성공적인 인생을 위한 교훈을 말하는 이 책에, 오늘날 젊은 이들에게 꼭 필요한 성공 키워드를 다루면서 여러분에게 도움이 되고 힘이 되어 줄 여러 이야기를 담았다. 여러분이 이 책을 통해 뜨거운 열정과 포기하지 않는 도전으로 자신을 뛰어넘어 자기 분야에서 최고 가 되며, 끊임없는 자기 쇄신과 끈기로 성공을 이루고, 의리와 희생을 덕목으로 삼아 이 시대의 진정한 리더가 되는 데 도움이 되길 간절히 바란다.

이 책은 특전사에 대한 이야기를 하고 있다. 그래서 일부 독자들은 "특전사가 별거냐? 특전사만 다냐?"라며 거부감을 가질 수도 있을 것 이다. 물론 대한민국의 모든 부대는 훌륭하고 배울 게 많다는 것을 인 정한다. 하지만 필자가 말하고자 하는 것은 특전사가 대단하다는 것 을 강조하는 것이 아니라, 그들의 경험을 통해 뭔가 배울 게 있다는 점을 이야기하고 싶었다. 이 점을 이해해 주었으면 한다.

　독일의 극작가이자 시인인 베르톨트 브레히트는 "성공한 사람이 될 수 있는데 왜 평범한 이에 머무르려 하는가?"라고 묻고 있다. 그의 말대로 여러분은 평범한 사람에 머무르면 안 된다. 누구에게든 배울 게 있으면 본받아 내 것으로 만들어야 한다. 그래야 성공하는 길로 들어설 수 있다. 공자는 "세 사람이 길을 가면 그중에 반드시 나의 스승이 있다."라고 했다. 이는 누구에게라도 본받을 만한 것은 있다는 말이다. 마찬가지로 혹자들이 말하는 '무식하고 용감하다'는 특전용사들에게 서도 배울 것은 있다고 감히 말할 수 있다. 이제 여러분도 그들에게 배울 점이 있다면 받아들여 블랙베레처럼 멋진 인생을 살기 바란다. 인생을 뒤집기 바란다.

　끝으로 이 책에 등장하는 모든 분, 특히 특전사 출신의 이정희 씨, 이장희 씨, 노우주 씨, 김성화 씨, 이지수 씨, 강명숙 준위, 문재인 대표님, 장세동 전 안기부장님께 진심으로 존경과 감사를 드리며, 고 이원등 상사와 고 윤장호 하사 두 분 고인께 삼가 명복을 빕니다.

이성열

부 록

대한민국 특전사는
어떤 곳인가

1. 특전사 소개

특전사의 상징은 다음과 같다.

- **부대 훈**(訓) : 충성 · 명예 · 단결
- **특전 혼**(魂) : 절대 충성, 절대 복종, 백절불굴의 투지,

  혼을 나누는 의리

- **부대 마크**

- 백색 원 : 지휘관을 중심으로 하는 단결 상징 - 청색 원 : 특전부대가 활동하는 하늘과 바다 상징 - 적색 원 : 지치지 않는 열정과 기백을 상징 - 독수리 : 하늘의 왕자로서 용맹한 활동 상징 - 낙하산 : 특전부대의 기본 침투 수단을 상징 - 번개 : 정보전하에서의 신출귀몰한 속도 상징 - 검 : 무성무기에 의한 유격전과 특수전을 상징

특전부대 신조(信條)는 다음과 같다.

안 되면 되게 하라!

사나이 태어나서 한 번 죽지 두 번 죽나!

첫째, 충성 한 가닥에 목숨을 걸고 몸과 마음을 철석같이 닦는다.

둘째, 맹훈련만이 우리가 살고 이기는 길이다.

셋째, 훈련의 요망 수준은 반드시 달성한다.

넷째, 전우를 사랑하고 국민에게 친절하자.

다섯째, 비굴하지 말고 멋지게 살자.

여섯째, 적에게 용서란 없다. 귀신같이 접근하여 번개같이 쳐라.

일곱째, 우리의 베레모는 죽지 않는다. 영원히 찬란하게 조국을 빛

낸다.

특전사歌(검은 베레모)

특전사가 '검은 베레모'는 공군가 '빨간 마후라'를 만든 작곡가 고
황문평 씨가 1960년 발표한 곡으로 1973년 특전사의 부대가가 됐다.
이 군가 가사에 최근 40년 만에 변화가 있다고 한다. 특전사는 최근
군가 '검은 베레모'의 가사 중 '사나이'를 '전사들'로 바꾸었다. 검은 베
레모의 후렴구 '무적의 사나이'를 '무적의 전사들'로 바꾼 것이다. 가사

를 바꾸게 된 배경은 특전사에도 훌륭한 여전사가 많은 데 소외감을
느끼게 해서는 안 된다는 취지라고 한다. 군가 악보를 소개한다.

검은 베레모

보 아 라 장 한 모 습 검 은 베 레 모 무 쇠 같 은
명 령 에 죽 고 사 는 검 은 베 레 모 쏜 살 같 은
하 늘 을 오 고 가 는 검 은 베 레 모 바 위 같 은

우 리 와 누 가 맞 셔 랴 하 - 늘 로 뛰 어 솟 아
우 리 를 누 가 막 으 랴 구 - 름 위 로 치 솟 아
우 리 를 누 가 막 으 랴 산 - 과 바 다 누 비 며

구 름 을 찬 다 검 은 베 레 가 는 곳 에 자 유 가 있 다
하 늘 도 찬 다 검 은 베 레 가 는 곳 에 평 화 가 있 다
어 디 든 찬 다 검 은 베 레 가 는 곳 에 행 복 이 있 다

삼 천 리 - 금 수 강 산 길 이 지 킨 - 다 안
오 천 만 - 우 리 겨 레 길 이 지 킨 - 다
조 국 통 일 그 날 까 지 싸 워 이 긴 - 다

되 면 되 게 하 라 특 전 - 부 대 용 사 들

아 아 검 은 베 레 무 적 의 사 나 이

2. 특전사는 어떻게 태동하여 발전해 왔나

특수전사령부(특전사)의 모체는 한국전쟁 개전 초기 이름 없는 유격
군으로부터 시작하였다. 이들은 전쟁 기간 중에 미8군 소속이 되어 참
전했다. 휴전 후에는 한국 국방부와 육군본부의 예속부대로서 제1전
투단 창설, 제1·2유격단 창설, 특전사령부 창설로 이어지면서 발전해
오늘에 이르고 있다.

초창기 유격군의 약사(略史)를 보면 다음과 같다.

1950년 6월 25일 북한이 기습 남침함에 따라 북한 지역과 38도선
접경지역에 거주하던 방공 청년과 학생들이 자생적으로 반공단체를
조직했다. 이들은 계급과 군번도 없는 의병으로 유격전을 감행해 국군
과 유엔군을 지원했다.

이들을 모체로 1951년에는 미8군 소속의 제1공수유격연대가 창설
되어 북한 연안과 내륙에서 유격전을 전개하는 한편 군사정보 수집,
공수특공작전, 조종사 구출작전 등을 수행함으로써 적의 병참선 및
후방을 교란하는 데 크게 기여했다.

휴전 후 1953년 8월 미8군 소속의 제1공수유격연대는 국방부 제
8250부대로 통합되었다가, 1954년 1월에 육군본부로 예속되면서 그해

2월에 비로소 현역 계급이 부여되었다. 그리고 1958년 4월 1일에 육군 본부 특전감실 소속으로 제1전투단이 창설되었다. 이 부대가 바로 지금의 제1공수특전여단의 모체다. 따라서 1공수는 물론 특전사도 4월 1일을 부대 창설 기념일로 삼고 있다.

특전사 창설기(期)의 대략을 보면 다음과 같다.

휴전 이후 북한군의 도발이 계속되자 육군은 이에 대응하기 위해 특수부대 창설의 필요성을 느끼고 북한 특수부대에 맞설 특수부대 창설을 시작했다. 이에 따라 1958년 4월 1일 육군본부 특전감실에서 제1공수유격연대에서 유격전을 수행했던 요원을 중심으로 제1전투단을 창설했다. 이 부대는 단본부와 2개 작전지역대로 편성되었다. 이것이 특전부대의 전신이며 모체다.

이 부대는 한국군 최초로 공수기본 교육과 특수전 교육을 실시했다. 그리고 북한이 도발하면 즉각 투입되어 작전을 펼쳤다. 1967년 괴산 연풍리 간첩 침투사건, 1968년 1·21 사태(김신조 일당 청와대 피습사건)와 제주도 서귀포 간첩 침투사건 등 대침투작전에 참가하여 많은 공을 세웠다.

마침내 육군은 1968년 8월에 제1전투단을 제1공수특전여단으로 부대 명칭을 바꾸고, 1968년 1월 창설된 2개 유격단(제1·2유격단)을 특전사에 예속(隸屬)시켜 오늘의 특전사령부를 인천 부평에서 창설했다.(1972년에 현재 위치인 서울 거여동으로 이동)

예속된 2개 유격단은 1972년 9월 부대 명칭을 바꾸어 제1유격단은 제3공수특전여단으로, 제2유격단은 제5공수특전여단이 되었다. 따라서 특전사는 이때부터 3개 공수특전여단을 거느린 명실상부한 사령부로소의 면모를 갖추었다.

특전사 창설 이후의 발전상을 보면 다음과 같다.

1970·80년대를 거치면서 특전사는 질적·양적 발전을 거듭해 왔다. 70년대에는 사령부가 서울 거여동으로 이전했고, 4개 여단(7·9·11·13여단)이 추가로 창설되었다. 1971년부터 월남전에 참전했고, 1976년 판문점 도끼만행 사건 때는 직접 투입되어 미군과 함께 미루나무를 잘라 냈다. 그리고 국가 위난 시에는 제일 먼저 최 일선에서 활약했다. 80년대에는 특수전 교육단과 707특수임무대대가 추가로 창설되어 특수전 교육과 대테러 임무를 수행할 수 있는 세계적인 특수부대로 발돋움했다.

1990년대에는 국민의 신뢰를 받음으로써 특전부대의 위상을 확고히 다지는 시기였다. 1991년 걸프전에 참전해 세계에 한국의 위상을 높이고, 성수대교와 삼풍백화점 붕괴사고 때 인명구조에서 보여준 희생정신은 국민을 감동케 했다. 또한 강릉 대침투작전 때는 무장공비 6명을 사살해 작전을 빨리 끝내는 데 많은 공을 세웠다.

2000년대는 직접 해외파병은 물론 해외에 파병되는 부대를 창설하고 교육을 전담하는 임무를 수행해 강한 육군의 대표 브랜드로 자리

매김하는 시기였다. 상록수 부대를 비롯해 동의·다산부대, 자이툰 부대 등의 해외 파병 활동으로 세계인들로부터 다국적군의 왕으로 칭송을 받았다.

특전사 부대연혁(沿革)을 요약해 보면 다음과 같다.

부대 증·창설
- 1950. 6. 25.　　한국전쟁 당시 유격군으로 참전
- 1951. 2. 15.　　제1공수유격연대 창설(미8군 소속)
- 1953. 8. 21.　　국방부 제8250부대로 통합
- 1954. 1. 16.　　육군본부로 예속[2월 현역 계급(병~소령) 부여]
- 1958. 4. 1.　　제1전투단 창설(육군본부 특전감실)
- 1969. 1. 18.　　제1·2유격단 창설
- 1969. 8. 18.　　특수전사령부 창설(인천 부평)
- 1972. 8. 1.　　특수전사령부 이전(서울 거여동)
- 1972. 9. 10.　　제3·5공수특전여단 창설(제1·2유격단에서 명칭 변경)
- 1974. 10. 1.　　제7·9공수특전여단 창설
- 1977. 7. 1.　　제11·13공수특전여단 창설
- 1981. 4. 17.　　707특수임무대대 창설
- 1999. 6. 1.　　특수전교육단 예속 전환(육군 교육사 → 특전사)
- 2000. 6. 1.　　특수임무단 창설(5공수여단에서 명칭 변경)
- 2010. 7. 1.　　국제평화지원단 창설(특수임무단에서 명칭 변경)

부대 주요 활동

- 1968. 6. 30.	울진·삼척지구 대침투작전 참가(21명 사살)
- 1969. 6. 10.	흑산도 대침투작전 참가(15명 사살)
- 1971. 3. 7.	월남전 참전
- 1976. 8. 18.	8·18독수리작전(미루나무 제거작전) 수행
- 1990. 8.	서울 풍납동, 뚝섬 수해복구 지원
- 1991. 1. 23.	걸프전 참전
- 1994. 10. 21.	성수대교 붕괴사고 구조 활동
- 1995. 6. 29.	삼풍백화점 붕괴사고 구조 활동
- 1996. 9. 18.	강릉 대침투작전 참가(6명 사살)
- 2003. 4. 17.	서희·제마부대 창설/파병
- 2004. 2. 23.	자이툰부대 창설/파병
- 2007. 1. 21.	동명부대 창설/파병
- 2010. 7.	아프가니스탄 오쉬노부대 창설지원
- 2011. 11. 11.	UAE 군사협력단 창설지원
- 2013. 3.	남수단 한빛 부대 창설지원

"안되면 되게하라!
사나이 태어나서 한번죽지 두번죽나!"

3. 특전사가 사용하는 흉장과 휘장은 어떤 것이 있나

특전사는 부대별로 가슴에 흉장을 붙인다. 혹시 특전용사를 보았을 때 전투복 왼쪽 가슴 부분에 무슨 마크가 붙어 있었는지 기억나는가? 사람들은 보통 관심 없이 보기 때문에 뭐가 있는지 모른다. 설령 마크를 보았다 하더라도 그것이 무엇을 뜻하는지 잘 모른다(물론 군복무를 했다면 예외다.). 그리고 특전용사들은 전투복이나 정복에 여러 가지 휘장을 잔뜩 붙이고 다닌다. 그 부착물들은 모두 의미가 있는 것들이다. 이제부터 여러분은 흉장과 휘장의 의미와 어떤 사람에게 주어지는가를 알 수 있게 될 것이다.

흉장

흉장은 그 부대를 상징하는 심벌이다. 주로 맹수를 많이 사용한다. 특전사는 사령부와 여단급 부대에서 흉장을 제정해 사용하고 있다. 특별히 707특수임무대대만큼은 대대급인데도 사용한다. 부대별로 알기 쉽게 정리해 소개한다.

| 부대별 흉장 |

부 대	흉 장	해 설
사령부	사자	사자는 가족 중심적 집단생활을 하며, 한 마리 수사자가 무리를 리드하고, 집단유지 및 안전에 책임을 지며 광활한 영토를 지배하는 백수의 왕으로 사령부를 나타낸다. 바탕: 주황색 - 집단을 리드하는 사자의 위엄
1공수 여단	독수리	독수리는 날짐승의 대왕이며 한번 목표물을 정하면 놓치지 않는 맹금류로 깃털의 황금색은 전통 깊은 독수리부대 용사들의 저돌성을 나타낸다. 바탕: 녹색 - 광활한 대지, 부대 임무 수행 장소
3공수 여단	비호	비호는 산악과 야지를 호령하는 동물로 산하를 날듯이 누비며, 국가와 민족을 위하여 충성을 다하는 부대 용사들의 기동성과 용맹성, 강한 전투력을 나타낸다. 바탕: 파란색 - 고요와 평화를 상징

7공수 여단		천 마	천마는 푸른 하늘을 힘차게 날아다니는 신령스러운 말 로 앞으로 숙인 머리의 말 갈기는 돌진을, 일곱 개의 날개깃은 행운을 나타낸다. 바탕: 청색 - 희망과 창조, 창공을 상징
9공수 여단		귀 성	귀성은 남방의 7개별인 정· 기·류·성·장·의·진 중에 서 가장 빛나는 혼별을 말 하며, 낙하산과 윙은 공수 부대를 나타낸다. 바탕: 검정색 - 특전부대의 활동 시간인 밤을 상징
11공수 여단		황 금 박 쥐	황금박쥐는 암흑과 야간을 배경으로 소리 없이 바람처 럼 움직이는 동물로 용이 주 도한 임무수행 능력을, 번개 는 전격적인 침투와 특수전 을 나타낸다. 바탕: 검정색 - 특전부대의 활동 시간인 밤을 상징
13공수 여단		흑 표	흑표는 표범 중에서도 가장 표독하고 민첩하며 야간을 무대로 활동하는 동물로 산 악을 평지처럼, 바람처럼 누 비는 흑표용사의 활동상을 나타낸다. 바탕: 청색 - 무한한 푸른 창공을 상징

특수전 교육단		교 육 단	하늘과 땅 바다를 주름잡는 세계 최강의 특전부대원을 양성하는 명실상부한 특전 용사들의 요람으로서 교육 기관을 나타낸다. 바탕: 주황색 – 사령부 직할 부대를 상징
국제평화 지원단		온 누 리	푸른 바탕은 평화·희망·무한한 역량을, 지구본은 부대의 활동 무대인 전 세계를 나타내며, 태극무늬는 세계로 향하는 대한민국을 상징하고, 월계수는 영광·승리·평화 유지를 뜻한다.
707대대		백 호	백호는 영적인 동물로서 싸우면 반드시 승리하는 지상의 왕자다. 부여된 임무는 어떤 상황이라 할지라도 반드시 완수하는 저력을 나타낸다. 바탕: 주황색 – 사령부 직할 부대를 상징

휘장

휘장은 개인에게 부여하는 자격이다. 그렇기 때문에 휘장은 인가된 교육기관에서 소정의 교육을 이수하거나 정해진 자격에 도달한 사람에게 수여한다. 그래서 휘장은 일정한 자격을 갖춘 사람에게 패용하게 함으로써 자긍심을 고취시킨다. 따라서 휘장은 자격에 맞게 패용하도록 하고 있다. 그러므로 휘장을 패용한 것만 보면 그 사람이 어느 정도 수준인지 알 수 있다. 간혹 자격이 없는 사람이 여러 가지 휘장을 패용하고 다니는 것을 발견한다. 뽐내고 싶은 인간의 심리 때문이다. 특히 특전사나 해병대 요원들이 휴가를 가면서 하는 행동들이다. 자신이 돋보이고 싶은 마음에서 그런 것이니 좋게 봐 주자. 하지만 마음 속으로는 진짜와 가짜를 가려보기 바란다. 앞으로 여러분도 진위를 가릴 수 있게 될 것이다.

휘장의 종류는 특전병 모장, 특수전 휘장, 공수 휘장, 각종 자격 휘장 등이 있다. 우선 제일 기본이 되는 특수전 휘장과 공수 휘장(일명 '공수 윙'이라고도 함)을 아래에 소개한다.

특수전 휘장	
	낙하산 : 공중침투 칼, 도끼 : 최후의 무기 독수리 : 용맹스러운 하늘의 제왕 용 : 바다의 신령 지구 : 검은베레의 활동무대 태극 : 절대 충성 불꽃 : 생명력, 정열

공수 휘장		
	기본 공수 휘장	3주간의 공수 기본교육을 수료하고 4회 강하를 완료한 자에게 수여
	은성 휘장	강하조장 교육을 수료하거나 총 강하 횟수가 20회 이상인 자에게 수여
	월계 기본 휘장	고공강하 교육을 이수하거나 총 강하 횟수가 40회 이상인 자에게 수여

	월계
	금성
	휘장
		-별 1개 :
		  강하 횟수 100~199회
		-별2개 :
		  강하 횟수 200~299회
		-별 3개 :
		  강하 횟수 300~999회

	금장 월계 휘장	강하 횟수 1,000회 이상인 자에게 수여 * 휘장이 금장(金裝)으로 되어 있음.

공수 휘장은 5가지 종류로 나뉜다. 위 그림에서 낙하산과 날개만 있는 것이 '기본공수휘장'이다. 여기에 자격이 추가됨에 따라 은성휘장, 월계기본휘장, 월계금성휘장, 금장월계휘장으로 단계가 올라간다.

팁으로 강하 횟수를 가늠하는 방법을 하나 알려 주겠다. 특전부대원은 누구나 분기마다 1회 이상 정기 강하(수준 유지를 위해 정기적으로 해야 하므로 붙은 명칭)를 해야 한다. 이것은 의무적이다. 만약 사정으로 인해 강하를 못 하면 모형탑에서라도 뛰어 내려야 한다. 그래야 매달 위험근무수당(계급에 따라 차이가 있으나 하사 이하는 월 5만 원)을 받을 수 있다.

그러면 전투요원을 기준으로 1년 동안 강하 횟수를 계산해 보자. 정기 강하를 빠짐없이 한다면 4회, 여기에 전술 종합훈련 때 추가로 1회(통상 정기 강하로 갈음하지만), 또 어떤 행사를 위해 시범강하를 한다고 보고 1회를 추가한다면 특별한 경우를 제외하고 1년에 6회 정도가 최대치다. 여기에 근무 연수를 더하면 총 강하 횟수를 가늠할 수 있다. 그렇다면 별이 붙은 은성휘장을 받으려면 최소 3년 이상을 근무해야 한다. 또한 월계가 씌워진 월계기본휘장을 받으려면 6년 이상을 근무해야 한다. 단 해당 자격의 교육을 수료하면 예외다. 따라서 근무 연수로 볼 때 병사는 기본공수휘장 이상을, 하사도 3년차 이상 되기 전에는 은성휘장을 받기가 어렵다.

다음은 그 밖의 휘장들을 알기 쉽게 정리해 소개한다.

구 분	휘 장	설 명
특전병 모장		- 특수전사령부 모장 (베레모에 부착) - 2014년 4월 1일부터 시행
전투 특전병 모장		- 천리행군 등 고난이도의 훈련을 이수하고 - 특급 전사에 합격한 특전병에게 - 모장 중앙에 별이 부착된 모장을 수여
낙하산 포장정비		- 낙하산포장정비 교육 수료자(3주 교육) - 1961년부터 시행

고공기본 (HALO)		- High Altitude low Opening - 고공 기본교육 수료자 (6주 교육) - 1967년부터 시행
해상척후조 (SCUBA)		- Self-Contained Underwater Breathing Apparatus - 해상척후조 교육 수료자(6주 교육) - 1977년부터 시행
강하조장 (JUMP MASTER)		- 강하조장 교육 수료자 (3주 교육) - 1961년부터 시행
산악전문 (RANGER)		- 산악전문 교육 수료자 (3주 교육) - 1963년부터 시행
항공화력유도 (SOTAC)		- Special Operation Terminal Attack - 항공화력유도 교육 수료자(6주 교육) - 2009년부터 시행

특전의무
전문과정
(TCCCMASTER)
		- Tactical Combat
		  Casualty Care
		- 특전의무전문 과정
		  수료자(3주 교육)
		- 2013년부터 시행

전투 특전병		- 공수교육, 천리행군을
		  마치고
		- 특급전사 자격을 획득한
		  특전병
		- 2014년부터 시행

4. 특전사는 어떤 교육훈련을 하는가

특전사 교육훈련은 강도가 높다고 알려져 있다. 그래서 어떤 훈련을 어떻게 하는지 궁금해하는 사람이 있을 것이다. 여기서 그 궁금증을 해결해 주겠다. 특전사 교육훈련은 신분(장교·부사관·병)에 따라 조금씩 차이가 있다. 그럼 교육훈련 구분부터 알아보자.

교육훈련 구분

교육훈련 구분은 크게 학교교육과 부대훈련으로 구분한다. 학교교육은 다시 군사교육과 전문교육으로 나누는데, 군사교육은 또 양성교육과 보수교육으로 구분한다.(전문교육은 특전사와 관련이 없으므로 설명을 생략함)

부대훈련은 개인훈련과 집체훈련으로 구분한다. 개인훈련은 다시 기본훈련과 특기훈련으로 구분되고, 집체훈련은 중대훈련, 지역대훈련, 대대전술종합훈련으로 구분된다.

다음의 도표를 보면 좀 더 이해하기 쉬울 것이다.

학교 교육	군사 교육	양성교육	특수전교육단 부사관 교육대에서 13주간 교육
		보수교육	상사·원사로 진급하면 부사관학교에 가서 교육
	전문 교육		선발된 자에 한해 민간 대학이나 전문기관에 위탁교육
부대 훈련	개인 훈련	기본훈련	정신력·체력·개인화기 사격 등 병 기본 훈련
		특기훈련	폭파·화기·의무·통신 등 주특기 훈련
	집체 훈련	중대훈련	중대 전체가 주둔지 인근에서 야외 전술 훈련
		지역대훈련	지역대 전체가 주둔지 인근에서 야외 전술훈련
		대대전술 종합훈련	대대 전체가 지리산 등 취약지역에서 4주간 전술훈련

훈련 종류

다음은 휘장을 설명할 때 잠시 언급했던 각종 자격부여 교육에 대해 설명한다. 이 교육은 특전사에만 있는 것으로 특수전교육단에서 교육을 받는다. 일부 과정은 공군 등 타군에 위탁교육을 받는다.

특수전교육단에서 실시하는 교육은 공수기본·특수전·강하조장·고공기본·고공조장·해상척후조·유격전문·낙하산포장정비 교육이다. 특전의무전문 과정은 국군의무학교에서, 항공화력유도(SOTAC)는 공군에서 위탁교육을 받는다.

공수기본 교육은 특전사에 근무하는 모든 장병이 거쳐야 하는 교육이다. 이 교육을 수료하지 못하면 타 부대로 전출된다. 이 교육은 병사인 경우는 신병훈련소를 마치고 특전사에 분류되면 특수전교육단에서 교육을 받은 다음 근무지로 배치된다. 부사관의 경우는 특수전교육단에서 양성교육 13주 중에 공수교육과 특수전 교육을 받는다. 장교는 특전사에 보직되면 바로 특수전교육단에서 교육을 받거나 근무지에 갔다가 나중에 특수전교육단에서 교육을 받는다.

특수전 교육은 부사관 후보생은 양성교육 과정에서 공수기본 교육과 함께 특수전 교육을 받는다. 만약 특수전 교육을 수료하지 못하면 하사로 임관할 수 없다. 특전사에 전입되는 장교는 원칙적으로는 모두 이 교육을 받아야 하지만 받지 못하는 경우도 있다. 아쉽게도 병사는 교육 기회가 없다(과거에는 병사들도 대부분 받음).

강하조장·고공기본·고공조장·해상척후조·유격전문·낙하산포장정비 교육은 일명 특수교육이라 하여 일정한 자격 조건을 갖춘 부사관과 장교 중에서 지원하면 선발해서 교육 기회를 부여한다. 그렇기 때문에 교육을 받고 싶다고 해서 모두 받을 수 있는 교육이 아니다. 단, 낙하산포장정비는 병사들이 주로 받는데, 이 교육을 받은 사람은 낙하산과 특전장비를 정비하는 정비중대에서 근무할 수 있다. 정비

중대는 각 특전여단과 특수전교육단에 1개씩 있는 직할부대로 병사들이 근무를 선호하는 부대이다.

요약해서 정리하면 다음과 같다.

구분	기간	요망 수준
공수기본	3주	- 특전사의 기본 침투 방법인 공중침투 요원 양성 - 4회(비무장 2회, 야간 1회, 무장 1회)의 강하 실시
특수전	7주	- 유격전을 포함한 특수작전 능력을 갖춘 특전요원 양성 - 타격작전, 도피 및 탈출, 심리전, 생존 등을 숙달
강하조장	3주	- 강하조장은 강하준비부터 종료까지 모든 책임을 부여받은 강하 책임자로서 강하 절차와 안전 점검 능력 배양
고공기본	6주	- 장거리 정밀 침투가 가능한 고공침투 요원 양성
고공조장	5주	- 고공조장은 강하준비부터 종료까지 모든 책임을 부여받은 강하 책임자로서 강하 절차와 안전 점검 능력 배양
해상척후조	6주	- 해상침투 능력을 갖춘 해상척후조 양성
낙하산 포장정비	3주	- 낙하산 포정정비요원 양성
산악전문	3주	- 작전팀 암벽 극복을 위한 선등요원 양성

"안되면 되게하라!
사나이 태어나서 한번죽지 두번죽나!"

5. 특전사는 어떤 작전에 참가했나

특전사는 창설 이후 1967년 괴산 연풍리 작전을 포함 총 12회의 대침투작전에 참가하여 총 55명의 무장공비를 사살하였고, 3명을 생포하는 등 많은 전과를 올린 바 있다. 특히 1968년 울진·삼척지구작전, 1969년 흑산도작전, 1996년 강릉 대침투작전에서 보여준 전투 능력은 국민에게 신뢰를 받을 만했고, 북한군에게는 공포의 대상이 될 만했다.

그럼 울진·삼척지구작전과 흑산도작전을 좀 더 자세히 설명한다.

울진·삼척지구 작전

1968년 11월 120명의 북한 124군부대 소속 무장공비가 유격대 활동거점 구축을 목적으로 울진·삼척 지역에 침투한 사건으로, 국군 12개 부대가 작전에 참가하여 107명을 사살하고 7명을 생포했다. 그중 특전사가 21명을 사살하는 전과를 올렸다.

흑산도 작전

북한은 1969년 6월 12일 남파 간첩 김용구(1969. 5. 27. 검거)를 대동 월북시킬 목적으로 노동당 연락부 소속 57톤급 간첩선을 남파시켰으 나 국군에게 격침되었다. 이때 특전사는 흑산도에 침투한 무장공비 15명 전원을 사살했다.

6. 특전사의 영웅은 누구인가

특전사에는 추앙받는 영웅이 있다. 고 이원등 상사, 고 이병희 상사, 고 윤장호 하사, 장선용 원사 네 분이다. 이분들은 특전사를 빛낸 영웅으로 고귀한 생명을 바친 세 분과 북한이 대남 도발을 했을 때 국가 안보와 국민의 생명과 재산을 지키기 위해 몸을 사리지 않고 무장공비와 싸워 사살한 전투 영웅이다. 고 이원등 상사와 고 윤장호 하사는 책 본문에서 소개했으므로 고 이병희 상사와 장선용 원사를 여기서 소개한다.

┃ 고 이병희 상사 ┃

1996년 9월 18일 강릉 대침투작전에 참가하여 UH-60 헬기로 칠성산(950 고지)에 침투해 수색작전을 하던 중 바위틈에 숨어 있던 공비가 기습 사격을 하자 즉각 응사했다. 그러나 그만 적의 총탄에 두부 관통상을 입었다. 고 이 상사는 쓰러지면서도 적을 향해 5발의 대응사격을 하는 불굴

고 이병희 상사 동상

의 특전혼을 발휘하다 전사했다.

| 장선용 원사 |

1996년 11월 5일 강릉 대침투작전 중 최후의 발악을 하면서 도주
하던 무장공비 2명이 국군과 대치하고 있었다. 이때 긴급 투입된 장원
사는 낮은 포복으로 공비로부터 20m 떨어진 곳까지 접근해 조준사격
으로 1명을 사살하고, 나머지 1명에게 투항을 권유했으나 공비가 사격
을 가하자 즉각 사살했다.

사살한 무장공비 시체 옆에서 작전 상황을 설명하는
장 원사 모습

진짜 사나이들의 **인생 수업**

특전사 블랙베레가 들려주는 인생역전 교훈

1판 1쇄 인쇄 2015년 3월 19일
1판 1쇄 발행 2015년 3월 25일

지은이• 이성열
펴낸이• 정영석
펴낸곳• **마인드북스**
주 소• 서울시 금천구 벚꽃로 234, 310호(가산동 에이스6차)
전 화• 02-6414-5995 / 팩 스• 02-6280-9390
출판등록• 2009년 3월 5일 제2012-000088호
이메일• mindbooks@nate.com
홈페이지• http://www.mindbooks.co.kr

ⓒ 이성열, 2015
* 저자와의 협약으로 인지는 생략합니다.

ISBN 978-89-97508-17-4 03190

이 도서의 국립중앙도서관 출판예정도서목록(CIP)은 서지정보유통지원시스템 홈페이지
(http://seoji.nl.go.kr)와 국가자료공동목록시스템(http://www.nl.go.kr/kolisnet)에서
이용하실 수 있습니다.
(CIP제어번호 : CIP2015006158)

마인드북스 출간 도서

도서명	저자명	도서번호	쪽수
이야기를 들어주는 심리학	노을이	978-89-963495-0-1 03180	320
감사합니다 서로 사랑하십시오 (2010 문화체육관광부 우수교양도서)	고수유	978-89-963495-1-8 03230	184
인생을 바꾸는 위대한 질문	양광모	978-89-963495-2-5 03180	208
그리스도와 친해지기	김기원	978-89-963495-3-2 03230	336
리멤버십 (2011 문화체육관광부 우수교양도서)	전하영	978-89-963495-4-9 03320	240
레인메이커 만들기	포드 하딩 저, 강창호 역	978-89-963495-5-6 03320	520
내 아이가 불안해할 때	타마르 챈스키 저, 박성규·노을이 역	978-89-97508-00-6 13590	456
따뜻하고 쿨하게 공감하라	양광모	978-89-97508-02-0 03320	208
유쾌한 공감 진솔한 교감	석훈	978-89-97508-03-7 13320	208
세상은 행동하는 자의 것이다 (2013 문화체육관광부 우수교양도서)	김병완	978-89-97508-04-4 03320	288
너희만 흔들리는 줄 아니	원동선	978-89-97508-05-1 03370	232
상실의 힘, 시련의 축복	박원종	978-89-97508-11-2 03190	296
내 영혼의 사색록 쓰기	김주수	978-89-97508-12-9 03800	376
바라보라, 그저 웃음이 나올 때까지	신상훈	978-89-97508-14-3 03190	368
갈등, 게임처럼 즐겨라	양광모	978-89-97508-15-0 03190	232
행복한 밥상	박원종	978-89-97508-16-7 03510	272
진짜 사나이들의 인생 수업	이성열	978-89-97508-17-4 03190	240

감사합니다 서로 사랑하십시오 (김수환 추기경의 62가지 인생 이야기)

고수유 지음 / 국판 / 양장 / 184쪽 / ISBN 978-89-963495-1-8

평생 주님을 섬기며 사랑과 나눔을 실천하셨던 고 김수환 추기경의 인생 이야기 62가지가 한 편 한 편 동화처럼 펼쳐지며 독자들의 마음속에 사랑과 희망의 꽃을 피워준다. 신자들뿐만 아니라 김수환 추기경을 사랑했고 그리워하는 모든 분들에게 그분의 삶의 향기를 되살려주며 교훈을 전해 준다.

리멤버십 (크리에이티브 서비스 플랫폼)

전하영 지음 / 국판 / 양장 / 240면 / ISBN 978-89-963495-4-9

이 책은 ㈜오스티엄의 대표인 저자가 자신의 경영노하우를 담아 펴낸 책이다. '리멤버십'은 ㈜오스티엄의 핵심 서비스 모델로서, 특별한 발상의 전환을 근거로 하는, 성공한 전략이 아닌 성공할 전략이다. 새로운 플랫폼 개발을 위해 고민하고 있는 기업의 경영자와 마케팅 담당자들에게 깊은 통찰력과 새로운 아이디어를 불어넣어 줄 것이다.

세상은 행동하는 자의 것이다 (나를 뛰어넘는 법: 자기 혁신 프로젝트)

김병완 지음 / 신국판 / 288쪽 / ISBN 978-89-97508-04-4

우리는 모두 꿈을 간직하고 산다. 우리가 그 꿈을 이루기 위해서 가장 필요한 것은 바로 '행동력'이고 '실행력'이고, '실천'이고 '나아감'이다. 이 세상은 똑똑하고 능력 있는 사람들이 아니라 자신을 뛰어넘은 사람들의 것이다. 당신이 당신 자신을 뛰어넘지 못한다면 누군가가 당신을 뛰어넘을 것이다.

이 책은, 남보다 더 좋은 성과를 원하며 성공을 간절히 바라는 당신에게, 또 어제보다 더 나은 삶을 살고 싶고, 경쟁에서 승리하고 싶은 당신에게, '어떻게 해야 되는지' 그 해법을 제시해준다. 또 당신 자신을 뛰어넘는 법을 제시해주고 사고의 혁신을 불러온다.